LES MYSTÈRES
DE LA
PHOTOGRAPHIE

DÉVOILÉS
OU

MÉTHODE ÉLÉMENTAIRE

RAISONNÉE

À l'aide de laquelle les Amateurs apprendront

SANS MAITRE

La Photographie sur collodion

CONTENANT

Des Préceptes sûrs pour l'obtention de positifs et de négatifs sur verre, d'épreuves positives sur papier, de vues de monuments et paysages, de vues stéréoscopiques et de reproductions de tableaux, gravures, etc., etc.

PAR

F. LAMPÉRIÈRE-LEDOYEN

Artiste Peintre et Photographe.

La photographie est accessible à tous, mais si par un temps sombre vous la trouvez capricieuse, attendez au lendemain pour solliciter ses faveurs.

Un discernement sûr et une extrême propreté seront vos meilleurs titres à sa bienveillance.

LAMPLAISIR

PRIX 3 francs.

Se vend chez l'Auteur, à L'Aigle (Orne), rue Porte-Rabel, 58.

1865.

LES MYSTÈRES DE

LA

PHOTOGRAPHIE

DÉVOILÉS

Imp. P.-F. Ginoux, à L'Aigle (Orne).

LES MYSTÈRES DE

LA

PHOTOGRAPHIE

DÉVOILÉS

OU

MÉTHODE ÉLÉMENTAIRE

RAISONNÉE

A l'aide de laquelle les Amateurs apprendront

SANS MAITRE

La Photographie sur collodion

CONTENANT

Des Préceptes sûrs pour l'obtention de positifs et de négatifs sur verre, d'épreuves positives sur papier, de vues de monuments et paysages; de vues stéréoscopiques et de reproductions de tableaux, gravures, etc., etc.

PAR

F. LAMPÉRIÈRE-LEDOYEN

Artiste Peintre et Photographe.

> La photographie est accessible à tous, mais si par un temps sombre vous la trouvez capricieuse, attendez au lendemain pour solliciter ses faveurs.
> Un discernement sain et une extrême propreté seront vos meilleurs titres à sa bienveillance.
>
> LAMPÉRIÈRE.

PRIX 3 francs.

Se vend chez l'Auteur, à L'Aigle (Orne), rue Porte-Rabel, 38.

1865.

AVANT-PROPOS.

Depuis la merveilleuse découverte de DAGUERRE, bien des savants ont contribué à la perfectionner, et les succès ont été tels qu'aujourd'hui la Photographie est accueillie avec le même enthousiasme sur tous les points du globe.

Ceux-là seuls qui, comme moi, ont suivi toutes les phases de cet art, comprennent combien il a fallu d'essais, de tâtonnements, de dépenses et de veilles pour arriver à de si beaux résultats; mais si les praticiens obtiennent des épreuves qui ne laissent rien à désirer, il est vrai de dire aussi que beaucoup de personnes ne réussissent qu'imparfaitement, et que presque toujours leur insuccès provient tantôt de systèmes erronnés dont, faute d'expérience, ils n'ont pu reconnaître les vices, tantôt de leur tenacité à vouloir suivre à la lettre des méthodes trop compliquées; car, il faut l'avouer, des notions hasardées et une érudition trop diffuse ne sont souvent pour les commençants, même les plus intelligents, qu'un dédale dans lequel ils s'égarent sans s'en douter.

Mû par le désir d'être utile aux amateurs, mon but en présentant cette méthode simple et lucide, basée sur des données certaines, est de leur inculquer, sans détour, les principes fondamentaux de la photographie, par la mise à nu, si je puis m'exprimer ainsi, des éléments de ce bel art, dégagés d'une foule de moyens tant préconisés dont l'expérience a fait justice.

Il va sans dire que l'amateur, dans les premiers jours, éprouvera probablement quelques difficultés, mais bientôt avec de la persévérance il les vaincra ; et si, de temps à autre, quelques déceptions se présentent comme pour paralyser son zèle, il ne devra pas trop s'en inquiéter, car il finira par en découvrir la cause en réfléchissant sur la manière dont il aura opéré.

Avec le collodion et les bains que j'indique composés avec de bonnes substances, l'amateur, en se conformant du reste à mes prescriptions, obtiendra infailliblement de bons résultats.

LAMPÉRIÈRE.

INTRODUCTION

Où l'on voit comment il faut établir le laboratoire

Le commençant, non plus que l'amateur, ne doit pas penser à fabriquer les produits chimiques dont il aura besoin, car en les demandant aux personnes qui font de la vente de ces articles leur spécialité, ils lui coûteront moins cher que s'il les préparait lui-même et seront probablement mieux réussis.

Il n'aura donc à s'occuper, en fait de chimie, que de la préparation de son collodion, de ses bains et de ses agents révélateurs.

Quant à l'appareil photographique, dont le choix n'est pas indifférent, les commençants tâcheront de l'acheter par l'intermédiaire d'un connaisseur ; et comme l'objectif qui en est la partie la plus essentielle se vend presque toujours à l'essai, ils feront bien de n'acheter cette pièce qu'à cette condition et de la faire essayer par une personne compétente.

Du reste, voici en quoi consiste l'appareil indispensable pour faire des positifs et des négatifs sur verre, et tirer des épreuves positives sur papier :

1° Un objectif double, système allemand, à crémaillère, pour portraits et vues ;

2° Une chambre noire, en noyer, avec son châssis à glace dépolie, et deux châssis à épreuves ;

3° Un pied brisé ordinaire, pour supporter la chambre noire ;

4° Deux boîtes à glaces, à douze rainures au moins ;

5° Un blaireau pour épousseter les glaces ;

6° Une cuvette horizontale, profonde, en gutta-percha, pour le bain d'argent destiné à sensibiliser la couche de collodion ; plus, deux cuvettes plates, horizontales, aussi en gutta-percha, l'une pour le bain de fer et l'autre pour le bain d'hyposulfite de soude fixatif du cliché (1) ;

7° Trois flacons à large goulot, bouchés à l'émeri, dont un en verre de couleur, pour le bain d'argent destiné à sensibiliser la couche de collodion, l'autre pour le bain de fer, et le troisième pour le bain d'hyposulfite qui servira à fixer le cliché ;

8° Trois entonnoirs en verre et trois porte-entonnoirs, pour filtrer les bains dont il vient d'être parlé ; plus trois de ces petits bâtons en verre, dits agitateurs, qui servent pour hâter la dissolution soit du nitrate d'argent soit de toute autre substance cristallisée ;

9° Deux flacons en verre, bouchés à l'émeri, de deux cents grammes chacun, pour le collodion que l'amateur pourra préparer lui-même ;

---

(1) Quelques photographes se servent de cuvettes en porcelaine, mais celles en gutta-percha sont préférables à cause de leur fond noir sur lequel l'opérateur jugera mieux de l'homogénéité du ton blanchâtre que doit prendre la couche de collodion dans le bain d'argent ; verra mieux l'image se dessiner dans le bain de fer et la verra mieux aussi dans le bain d'hyposulfite, où il pourra la montrer aux personnes toujours pressées de voir.

10° Une mesure graduée, pour 200 à 250 grammes d'eau ;

11 Un flacon en verre à trois tubulures, de la contenance d'environ un litre et demi, pour l'eau à laver les épreuves 1) ;

12° Trois petits crochets en corne ou en baleine, pour retirer les épreuves des bains ;

13° Deux flacons en verre de couleur, de deux cent cinquante grammes, pour les solutions d'acide pyrogallique et de nitrate d'argent qui serviront au renforcement des épreuves ;

14° Un verre à bec pour verser ces solutions ;

15° Trois entonnoirs en verre, dont deux pour filtrer ces mêmes solutions, et l'autre pour filtrer le bain d'argent qui servira à sensibiliser le papier positif;

16° Un flacon en verre de couleur, bouché à l'émeri, de la contenance de 250 à 500 grammes, pour le bain d'argent à sensibiliser le papier positif ;

17° Une cuvette horizontale en porcelaine, pour ce bain ;

18 Un châssis positif à ressorts, avec glace, pour tirer sur papier ; plus une vignette (Verre peint) pour faire des cartes de visites sur papier à fond dégradé

---

(1) La tubulure du milieu, après l'introduction de l'eau, doit être bouchée; quant aux deux autres, elles doivent être garnies chacune d'un bouchon dans lequel on a passé un tuyau de plume d'oie. L'un de ces tuyaux, plus long que le bouchon d'environ deux centimètres, fera l'office d'un robinet ; et l'autre qui ne dépassera pas la longueur du bouchon, servira pour le passage, dans le vase, de l'air nécessaire pour que l'eau puisse en sortir facilement, en formant un jet continu, quand l'opérateur voudra laver les épreuves.

19° Un flacon en verre de couleur, bouché à l'éméri, de la contenance de 500 grammes, pour le bain de virage;

20° Un flacon en verre ordinaire, bouché à l'éméri, de la contenance d'au moins 250 grammes, pour la solution de chlorure d'or;

21° Une cuvette plate, en porcelaine, pour le bain de virage;

22° Une carafe en verre, de la contenance d'environ un litre, pour le bain d'hyposulfite qui servira à fixer les épreuves positives sur papier;

23° Un entonnoir en verre, pour filtrer ce bain;

24° Et une bassine en porcelaine ou en faïence, pour ce même bain.

Un appareil ainsi composé coûtera,

Savoir :

Pour 1/4 de plaque, environ   72 fr.
Pour 1/2 plaque, environ   112 fr.
Et pour 1/1 (plaque normale), environ   180 fr.

Si l'amateur veut se borner à faire seulement des épreuves positives directes sur verre, il n'aura pas besoin des objets désignés sous les numéros 13, 14, 15, 16, 17, 18, 19, 20, 21, 22, 23 et 24 ; or, si on retranche ces objets, les prix que je viens d'indiquer se trouveront réduits,

Savoir :

Pour l'appareil 1/4 de plaque, à environ   60 fr.
Pour   id.   1/2 plaque, à environ   95
Et pour id.   1/1 (plaque normale), à env. 160

J'ai dû donner cette nomenclature détaillée et ces indications de prix pour mettre le commençant à même de faire avec précision la demande de son appareil (1), et lui donner déjà une idée de toutes les phases du travail qu'il aura à exécuter pour obtenir des épreuves sur verre et sur papier.

L'objectif 1/2 plaque convient mieux pour les cartes de visite que l'objectif 1/4, avec lequel pourtant on peut faire la carte, mais souvent moins nette sur les bords.

L'amateur devra être pourvu, outre son appareil, de substances photogéniques. A son début et pour ses essais, les quantités suivantes suffiront :

APERÇU DES PRIX.

40 grammes de nitrate d'argent cristallisé . .	7 fr.	30
24 verres taillés de grandeur convenable pour aller		
dans les châssis de la chambre noire . . .	1	50
250 grammes d'acide nitrique	1	50
250 id. de sulfate de fer	»	20
5 id. d'acide pyrogallique	»	75
100 id. d'acide acétique cristallisable . .	»	90
500 id. d'hyposulfite de soude. . . .	»	60
15 id. de coton-poudre	1	05
250 id. d'Ether sulfurique à 62° . . .	1	25
250 id. d'alcool à 36°	»	90
250 id. d'alcool à 40°	1	» »
Un flacon de liqueur de Johnson n° 1, pour la		
préparation du collodion	5	» »
Un flacon de liqueur de Johnson n° 2, également		
pour la préparation du collodion (2) . . .	5	» »

(1) Il ne faudra pas omettre de dire, dans la lettre de demande, si c'est un appareil pour 1/4, 1/2, ou plaque entière que l'on désire avoir.

(2) Il n'y a pas de flacons de liqueur Johnson au-dessous de 5 fr. Si

Une main de papier buvard rose . . . . » 90

Une main de papier Joseph, dit papier de soie. . . » 50

Une liasse de 100 feuilles de papier à filtrer, de
    Prat, taillés en rond, du diamètre de vingt-
    cinq centimètres . . . . » 95

Un mètre de papier de velours noir, pour les
    positifs directs sur verre . . . . 1 »»

Un litre d'eau distillée . . . . » 20

    Et, de plus, si l'amateur veut tirer sur papier :

Un flacon de vernis de Soehnée frères, pour les
    clichés 1 50

50 grammes d'acétate de soude cristallisé . . . . » 40

50   id   d'acétate de soude fondu . . . . . » 60

1   id.   de chlorure d'or 2 50

250   id.   de Kaolin épuré . . . . » 40

6 feuilles de papier de Saxe, salé et albuminé,
    qualité supérieure, du prix de 6 à 7 francs la
    main, pour le tirage des épreuves positives 1 50

Et 2 feuilles de carton bristol blanc, cylindré,
    pour le collage des épreuves sur papier . . . » 70

---

l'amateur, à son début, ne veut pas faire la dépense de 10 fr. pour 2 de ces flacons, il pourra y suppléer par 12 grammes d'iodure de cadmium, 6 grammes de bromure de cadmium et 12 grammes d'iodure d'ammoniaque; quantités dont les prix réunis ne dépasseraient pas 2 francs et avec lesquelles il fera également de bon collodion, en dosant conformément à la formule 2, page 42. L'amateur pourra même, surtout dans les premiers temps, se passer de ces substances ainsi que de coton-poudre et d'éther, en achetant du collodion tout préparé, sensibilisé pour positif ou pour négatif, selon le genre auquel il voudra se livrer. Avec un flacon de 100 à 125 grammes qui coûtera environ 2 fr. 50, il pourrra faire au moins 80 épreuves de grandeur 1/4 de plaque.

Ne voulant pas faire de réclame, je m'abstiens d'indiquer des fournisseurs.

Bien que j'aie donné la nomenclature tant des objets composant un appareil que des substances nécessaires pour les premiers essais, j'engage néanmoins l'amateur à examiner, avant de faire aucune demande, quelques catalogues qu'il lui sera facile de se procurer, puisque toutes les maisons qui tiennent les articles de photographie en envoient *franco* aux personnes qui leur en font la demande par lettre affranchie (1). Ces catalogues lui feront connaître les prix au juste ; et si d'un côté il y voit l'énumération d'une foule de choses inutiles pour la photographie simplifiée telle que je l'enseigne, d'un autre côté il y trouvera, outre la nomenclature des articles indispensables, celle des objets secondaires, tels que passe-partout, cadres, écrins, broches, etc. etc., dont il pourra un jour avoir besoin.

Dans presque tous les catalogues, on voit indiqués comme complets des appareils qui ne le sont pas ; aussi l'amateur qui ne possède encore rien de ce qu'il faut pour faire de la photographie, ne devra admettre comme véritablement complet que l'appareil qui sera composé de tous les objets que j'ai décrits. Je sais bien qu'à la rigueur on pourrait supprimer quelques cuvettes et quelques entonnoirs, à la condition de se servir des mêmes pour des opérations différentes ; mais je n'admets pas cette petite

---

(1) Dans le cas où l'amateur ne connaîtrait pas une ou deux de ces maisons, il pourrait se procurer des adresses dans l'almanach du commerce, que l'on voit chez presque tous les négociants, banquiers, pharmaciens, etc.

économie, car on aura beau les laver, on ne sera jamais sûr de leur parfaite propreté. Je conseille donc, au contraire, d'affecter spécialement pour chacune des opérations autant de cuvettes et d'entonnoirs qu'il en faudra et, de plus, d'y faire des marques pour ne pas être exposé, pendant les manipulations, à des méprises qui, outre l'insuccès, pourraient occassioner la perte des bains.

La plupart des manipulations photographiques devant avoir lieu dans l'obscurité, l'amateur établira son laboratoire dans un cabinet qu'il destinera uniquement à cet usage et où le jour ne devra pas pénétrer. Il s'y éclairera au moyen d'une simple bougie (1), et l'ameublement sera composé de :

1° Une table appuyée contre le mur, sur laquelle seront posées, au moment de s'en servir, la cuvette destinée au bain d'argent préparé pour sensibiliser la couche de collodion et celle destinée pour le bain de fer, ainsi que les flacons dans lesquels seront les deux solutions préparées pour renforcer les épreuves, et le verre à bec nécessaire pour verser ces solutions.

2° Une deuxième table, sur laquelle on placera les cuvettes destinées aux bains d'hyposulfite ; plusieurs bassines ou plats creux en faïence ou en terre vernissée, pour les lavages des épreuves sur papier avant et après le virage ;

---

(1) Quelques photographes laissent pénétrer la lumière du dehors à travers un carreau de verre jaune, au lieu de vitre ordinaire. Cette lumière ainsi affaiblie pour qu'elle n'attaque pas les agents photographiques, permet de voir assez distinctement les cuvettes et les flacons ; mais à moins d'une grande habitude, l'opérateur aura néanmoins besoin de la lumière de la bougie pour bien juger de la venue de l'image et en arrêter le développement *à point.*

le vase à trois tubulures contenant l'eau nécessaire pour les différents lavages, et un vase quelconque contenant l'eau propre avec laquelle l'opérateur se lavera fréquemment les mains ;

3° Un baquet pour recevoir les eaux sales que produiront les lavages.

4° Deux ou trois essuie-mains très-propres ;

5° Un casier fixé au mur pour serrer et mettre à l'abri de la poussière les châssis à épreuves, les entonnoirs munis de leurs filtres, les porte-entonnoirs, les flacons, les cuvettes, etc., etc.

6° Une tringle en bois blanc, fixée près du plafond, qui servira pour suspendre les papiers positifs au sortir du bain d'argent (1) ;

7° Et un drap, tendu de manière à intercepter la lumière du dehors quand on ouvrira la porte pour entrer ou sortir.

Les tables du laboratoire, de même que le casier, devront être entretenus en état de propreté, et les cuvettes pendant comme après les opérations, seront éloignées les unes des autres, ainsi que leurs flacons et leurs entonnoirs, afin d'éviter tout contact qui aurait pour conséquence de dénaturer et quelques fois gâter complètement les bains.

Après le travail, les cuvettes seront lavées avec de l'eau de pluie et un petit tampon de papier de soie très-propre, puis rincées à l'eau de pluie filtrée ; après quoi on les

---

(1) Si on peut disposer d'une autre petite pièce, que l'on rendrait complétement obscure, on fera bien d'y sensibiliser et suspendre les papiers, afin de n'avoir pas à craindre l'humidité atmosphérique du laboratoire, ni la poussière que de fréquentes allées et venues pourraient occasionner.

placera dans le casier, chacune à la place qui lui aura été assignée, debout sur du papier buvard où elles s'égoutteront promptement ; et lorsqu'on voudra opérer de nouveau, on les trouvera propres, et par conséquent en état de recevoir les solutions.

Les filtres seront laissés dans les entonnoirs, et ils n'auront besoin d'être renouvellés que lorsqu'ils seront percés ou encrassés au point de ne filtrer que difficilement. Quand on place les filtres dans les entonnoirs, on doit les enfoncer assez profondément afin qu'ils ne se crèvent pas et que le liquide passe facilement. Si le commençant ne savait pas les plier, il prierait un pharmacien ou un liquoriste de lui montrer la manière de le faire.

La glace pouvant sans inconvénient être collodionnée à la lumière du jour, quand elle n'est pas excessivement vive, il sera préférable de procéder à cette opération en dehors, mais tout près du laboratoire, car on verra mieux comment s'étendra le collodion, en même temps qu'on évitera le danger d'approcher de la bougie un liquide si inflammable. D'un autre côté on n'aura pas à craindre que les vapeurs aqueuses du laboratoire produisent sur la glace quelque humidité qui, bien qu'imperceptible, nuirait à la parfaite adhérence du collodion, lequel, à raison de cela, pourrait se détacher de la glace lors du lavage.

Le contact des bains d'hyposulfite avec les autres bains étant toujours à craindre, il sera utile de les isoler autant que possible, et même, ce qui serait encore mieux, de ne pas se servir, dans le laboratoire, de celui destiné à fixer les clichés et les positifs directs sur verre, ces épreuves pouvant être fixées au grand jour sans le moindre inconvénient. Il n'en est pas de même des épreuves positives sur papier, qui doivent nécessairement être fixées à la lumière de la bougie.

De tous les arts d'agrément, la photographie est, sans contredit, le seul qui dès le début donne souvent des résultats satisfaisants ; car il n'est pas rare de voir des commençants obtenir, après quelques jours d'essais, de très-bonnes épreuves.

Les explications que je viens de donner sembleront peut être puériles à l'amateur qui fait depuis longtemps de la photographie ; mais pour le commençant, loin d'être superflues, elles seront très-utiles puisqu'elles font connaître tout ce dont il aura besoin pour opérer, et donnent les moyens de procéder avec ordre et propreté, condition sans laquelle on ne peut devenir bon photographe.

2.

CHAPITRE I.

—

QUELQUES MOTS TECHNIQUES

Avec lesquels l'Amateur devra se familiariser à son début.

—

Appareil. Par ce mot, on désigne collectivement l'objectif, la chambre noire, les châssis, les cuvettes et, en un mot, tout ce qui compose le matériel du photographe.

Appuie-tête. C'est un appareil articulé au moyen de charnières, que l'on peut fixer à toute espèce de siége, et contre lequel le modèle s'appuie légèrement le derrière de la tête pendant la pose.

Bain. En photographie on donne cette dénomination à toute solution au contact de laquelle la glace, de même que le papier, doit être soumise par immersion ; on dit : bain d'argent, bain de fer, bain d'hyposulfite, etc.

Chambre noire. Boite en bois, ainsi nommée à cause de l'obscurité qui doit exister à l'intérieur pendant la pose. Dans la partie antérieure, celle qui fera face au modèle, est une ouverture circulaire où on fixe l'objectif ; et dans la partie opposée, qui est un tiroir, se trouvent deux rainures latérales pour recevoir alternativement le châssis à glace dépolie et le châssis à épreuves.

Décanter. Transvaser doucement et sans secousses la partie claire d'un liquide qui a produit un dépôt au fond du vase.

Diaphragme. C'est ainsi qu'on nomme un disque en métal ou en carton, au milieu duquel on a pratiqué une ouverture circulaire. Le diaphragme se place dans le pavillon de l'objectif ; il a pour but d'intercepter les rayons trop éloignés de l'axe du foyer et d'empêcher ainsi la déformation des lignes, en même temps que l'image se produit avec des détails mieux accusés jusque sur les bords.

Épreuve Nom que l'on donne indistinctement à toute image ou reproduction photographique.

Flou. Mot qui, en peinture, est employé pour désigner des contours moelleux, doux et un peu vagues dans un tableau. En photographie, il se dit des épreuves dont les lignes et les détails ne sont pas nettement marqués, ce qui est un défaut provenant ordinairement de ce que le modèle n'a pas gardé l'immobilité pendant la pose, ou de ce que l'opérateur n'a pas bien mis *au point*, ou encore de ce que le papier positif placé dans le châssis n'a pas été convenablement appuyé sur le cliché.

Glace, Verre. On emploie indistinctement ces deux mots pour désigner les morceaux de glace ou de verre sur lesquels on étend le collodion.

Mettre au point, ou au foyer. C'est, au moyen de la crémaillère, avancer ou reculer les verres de l'objectif jusqu'à ce que le modèle placé en face se révèle sur la glace dépolie dans tous ses détails et avec beaucoup de netteté.

Négatif ou cliché. C'est ainsi qu'on nomme l'image obtenue sur verre qui, vue par transparence, donne le dessin et les détails exacts du modèle, avec cette différence que les parties blanches de celui-ci, telles que la chemise, le col, la pommette des joues, etc. se révèlent en noir, et que les parties noires telles que l'habit, les cheveux, les ombres, etc. paraissent blanches.

Objectif. L'objectif double, système allemand, est celui dont on se sert pour faire des portraits. Il est composé de deux lentilles achromatiques (quatre verres dont deux collés ensemble), montées dans un tube en cuivre, recouvert en partie d'un autre tube mobile muni d'une crémaillère et accompagné d'une rondelle en cuivre qui sert pour le fixer à la chambre noire au moyen de vis.

Obturateur. C'est la pièce de cuivre qui recouvre le bout extérieur de l'objectif. L'obturateur est garni intérieurement d'un morceau d'étoffe, afin que, lorsqu'on le retire pour démasquer les verres au moment de la pose, le frottement soit peu sensible et ne puisse imprimer à la chambre noire un mouvement oscillatoire qui infailliblement ferait que l'image manquerait de netteté et aurait un aspect flou.

Positif direct sur verre. Se dit de l'image obtenue directement sur verre, laquelle étant faible à cause d'un temps de pose presque moitié moins long que pour le cliché, est beaucoup trop transparente pour donner de bonnes épreuves positives sur papier ; mais qui n'est pas sans mérite quand, rehaussée au moyen d'un morceau de velours noir appliqué derrière, on l'encadre convenablement.

Positif sur papier. C'est l'image obtenue, d'après

un négatif ou cliché, à l'aide du châssis-presse, dit châssis-positif, sur du papier sensibilisé à cet effet, connu sous la dénomination de papier positif.

Solution. Union d'un sel quelconque à un liquide dans lequel il se dissout sans se décomposer : le bain d'argent est une solution de nitrate, le bain de fer une solution de sulfate.

Virage. Se dit, en photographie, de l'action d'immerger, dans une solution de chlorure d'or, l'épreuve positive sur papier, afin qu'elle y prenne un beau ton noir violacé, ou bleuâtre, et qu'elle acquière ainsi la vigueur voulue.

DU COLLODION.

—

Le procédé au collodion étendu sur verre, est le meilleur de tous ceux mis en usage avant et depuis son apparition ; car, outre qu'il donne une finesse et une dégradation de tons admirables, et par cela même un modelé parfait, il est d'une promptitude qu'aucun autre moyen sensibilisateur ne peut atteindre.

L'amateur devra donc se borner à ce procédé, d'ailleurs d'un emploi facile, sans s'occuper de ses aînés, tombés la plupart dans l'oubli, ni de ses cadets encore dans les langes de la chimie.

Pour la composition du collodion, comme pour celle des bains qu'il nécessite, les auteurs, mêmes les plus renommés, diffèrent presque toujours dans leurs formules; d'où je conclus que les dosages sont un peu arbitraires, et que l'amateur, sans s'occuper trop de ces différences, peut obtenir de bons résultats en prenant des termes moyens. C'est ce que je faisais presque toujours, avec succès, avant d'avoir adopté définitivement les formules que je donne dans cet ouvrage comme étant les meilleures, les plus simples et les plus constantes dans leurs effets.

DE L'ACTION DE LA LUMIÉRE

Sur la couche de collodion sensibilisée

—

Le modèle étant placé en face de l'objectif, se dessine dans la chambre noire, sur la couche de collodion sensibilisée dans un bain d'argent, absolument comme il le fait sur la glace dépolie lors de la mise *au point*. Sous l'influence de la lumière, la couche argentifère se réduit, c'est-à-dire se décompose, et cela d'autant plus vite que le modèle sera plus clair ; en sorte que dans les endroits impressionnés par les parties blanches ou fortement éclairées, telles que la chemise, le col, la pommette des joues, etc., la décomposition, qui constituera une couche insoluble d'argent, aura lieu en quelques secondes, tandis qu'avec si peu de temps elle sera presque nulle aux endroits qui n'auront été impressionnés que par les parties sombres, telles que les cheveux, un habit noir, etc.

La couche ainsi impressionnée ne présentera aucune trace de modification, car son aspect sera le même qu'au sortir du bain d'argent; mais dans un bain de fer, où la glace sera immergée pendant quelques secondes, l'image se révélera ; et, dans un bain d'hyposulfite de soude, à l'action duquel la glace est ensuite soumise, cette image se débarrassera de l'iodure d'argent resté libre dans les parties faiblement impressionnées, ce qui rendra ces parties transparentes, tandis que les parties décomposées par la lumière conserveront une certaine opacité résultant de la réduction d'argent.

Si la pose a été de peu de durée, de six secondes par exemple, l'épreuve, très-transparente, sera ce que l'on nomme un positif direct sur verre; mais si le temps de la pose est plus long, de douze secondes par exemple, l'épreuve sera moins transparente, par conséquent négative et propre, comme cliché, au tirage d'épreuves positives sur papier.

DE L'EMPLACEMENT POUR LA POSE

ET DES FONDS.

—

L'amateur qui ne possède pas une galerie vitrée, comme l'artiste s'occupant de photographie par profession, est obligé de faire poser en plein air ; mais s'il a à craindre d'être quelquefois arrêté par la pluie, cet inconvénient sera compensé, car la durée de la pose sera beaucoup moins longue, ce qui est toujours avantageux, surtout lorsqu'on veut faire des groupes ou des portraits d'enfants.

Une toile teinte en gris ardoise, ayant au moins deux mètres de largeur sur deux mètres soixante centimètres de hauteur, dont les bouts seront cloués, l'un sur une tringle en bois équarrie à laquelle on fixe un anneau, et l'autre sur une tringle ronde aussi en bois, constituera le fond sur lequel devra se détacher le modèle. On le suspendra par l'anneau comme un tableau, et il se tendra convenablement par l'impulsion de son propre poids, aidé de celui de la tringle ronde sur laquelle l'opérateur l'enroulera quand il aura fini son travail.

Le gris ardoise est la couleur qui en général convient le mieux pour les fonds. Toutefois, pour les épreuves positives directes sur verre, un fond blanc ou grisâtre, sera préférable, afin que le fond du portrait soit clair et produise un contraste de bon effet avec le ton ordinairement sombre des passe-partout servant à l'encadrement des positifs sur verre; mais un fond bleu foncé, sinon absolument noir, est préférable quand on a à faire le portrait d'une personne chauve ou ayant les cheveux gris, ou d'une dame en bonnet. On peut parfaitement suppléer au fond bleu foncé par l'obscurité intérieure d'une pièce sise au rez-de-chaussée dont les volets seront fermés au besoin. A cet effet, on place le modèle dehors, mais tout près et vis-à-vis de l'ouverture de la porte extérieure de cette pièce, de manière qu'il se détache bien sur le vide intérieur de cette même pièce qui, étant hors du foyer de l'objectif, sans paraître absolument noir, produit néanmoins sur l'épreuve un fond d'un ton sombre et vaporeux d'un effet admirable. Si l'ouverture de la porte est étroite, les côtés ne seront pas un inconvénient, car l'opérateur intelligent saura en tirer parti pour modifier l'ensemble du fond de son épreuve dans des conditions accidentelles produisant toujours un bon effet.

J'ai usé souvent de ce moyen avec un plein succès, et je ne puis trop le recommander à l'opérateur qui possède une pièce au rez-de-chaussée ouvrant à l'opposé du soleil; car, dans bien des cas, il pourra aussi suppléer aux fonds gris, puisqu'on obtiendra, par le jeu des volets, une obscurité intérieure plus ou moins intense.

DES VÊTEMENTS.

Les couleurs sombres, en général, sont les plus convenables pour la photographie, surtout quand il n'y a pas trop d'uniformité de tons : un habit noir fera bien avec un gilet et un pantalon moins foncés. Le gilet absolument noir ne fait pas bien avec un habit noir. Toutefois un gilet noir en satin contrastera suffisamment par le brillant propre à ce tissu.

Le gilet blanc et une cravate blanche ne trancheraient pas et se confondraient avec la chemise ; donc ils doivent être exclus.

Le blanc fait rarement bien, parce que les détails ne venant pas, le modelé laisse toujours à désirer. Pourtant on peut essayer de portraire des dames ou des enfants en robe blanche en se servant d'un fond noir, ou au moins très-sombre.

Le bleu et le violet donnant des tons blancs, il faudra, si ces couleurs ne sont pas un peu foncées, les considérer comme blanches.

DE LA POSE.

—

La pose devra avoir lieu à l'ombre, dans une cour ou un jardin. S'il s'y trouve un mur masquant le soleil, l'opérateur y suspendra son fond. Les rayons solaires ne devant pas se projeter sur le modèle, il faudra, à défaut de mur, y suppléer au moyen de fortes toiles tendues, ou de planches assemblées. Dans l'un comme dans l'autre cas, il sera bon de tendre horizontalement, à au moins un mètre au-dessus de la tête du modèle, une toile grisâtre à l'effet d'atténuer l'action de la lumière venant d'en haut, qui en éclairant trop vivement la partie supérieure de la tête, nuit souvent au modelé, et produit toujours des clairs trop prononcés sur les cheveux.

La lumière diffuse venant du nord, est celle qui convient le mieux ; mais si l'opérateur doit éviter de se mettre sous le feuillage qui en fait une absorbtion considérable, d'un autre côté il doit éviter la projection lumineuse qui pourrait se faire sur le modèle par le reflet d'une toiture en ardoise, d'une croisée ou de tout autre objet éclairé par le soleil au moment de la pose ; car cette projection, presqu'aussi nuisible que le rayonnement direct du soleil, produit des déceptions ou insuccès d'autant plus déplorables que l'opérateur, quand il est peu expérimenté, n'en devine pas la cause.

Pour éviter la reproduction trop fidèle des inégalités qui pourraient y exister, le fond devra se trouver hors du foyer. A cette fin, le modèle en sera éloigné d'environ un mètre ; mais celui-ci ne doit pas être posé au hasard ; car la réussite dépend presque toujours des précautions que l'on aura prises pour placer le modèle dans de bonnes conditions d'ombre et de lumière.

La pose de *trois quarts* prête plus que toute autre à l'harmonie des traits, et par conséquent à la ressemblance ; aussi est-elle généralement adoptée.

Posé de *grand trois quarts*, le modèle regardera l'objectif, et l'image regardera tout le monde : ce sera un portrait à regard fixe.

Si le modèle pose de *petit trois quarts*, comme il ne pourrait regarder l'objectif sans loucher, il regardera droit devant lui en adoptant pour point de mire, à la hauteur de la chambre noire, un objet quelconque qu'il ne cessera de fixer pendant la pose, et l'épreuve que l'on obtiendra donnera ce que l'on nomme le portrait à regard perdu, qui a bien aussi son mérite puisque beaucoup de personnes le préfèrent.

La pose de face fait rarement bien, car la figure étant presque toujours un peu inclinée en arrière ou en avant, ne peut être parallèle aux verres de l'objectif, d'où il résulte des raccourcis nuisibles à la ressemblance en faisant paraître la figure plus forte qu'elle ne l'est en réalité.

La pose de profil ne donne pas non plus de très-bons résultats. Quoi qu'il en soit, on est heureux d'y recourir quand on veut dissimuler quelque défaut de la figure.

En tous cas, le modèle devra être placé de telle sorte qu'un côté soit légèrement ombré et l'autre éclairé ; on évitera ainsi ces trop fortes oppositions d'ombre et de lumière, communes aux épreuves dont le modèle a posé dans une chambre éclairée d'un seul côté. Pour la pose de *trois quarts*, c'est le petit côté qui doit être dans l'ombre. Il faut qu'il en soit ainsi pour que le nez ne se trouve pas confondu avec la pommette de la joue, et d'ailleurs pour qu'il n'y ait pas d'infraction au mode d'éclairement généralement admis.

Le plan ou axe vertical du sujet devra être, autant que possible, parallèle au plan des verres de l'objectif ; or, comme la personne qui pose est plutôt penchée en arrière qu'en avant, surtout si elle est assise, la chambre noire devra être à peu près aussi élevée que la tête, en sorte que pour mettre au point, on sera obligé de l'incliner un peu, et, par cette inclinaison, on mettra facilement les deux plans parallèlement en rapport.

Si le sol sur lequel l'opérateur fera poser est sombre, si c'est un terrain de couleur foncée, ou du gazon, il sera bon de mettre sous les pieds du modèle un tapis clair, ou une toile écrue, afin de renvoyer un peu de lumière de bas en haut, ce qui est nécessaire pour la venue des détails.

Tout le monde sait que le modèle doit rester immobile pendant la pose, mais il pourra clignoter plusieurs fois sans inconvénient, s'il en ressent le besoin, pour se reposer les yeux. Quelquefois même je recommande aux personnes qui ont les yeux bleus de clignoter pendant le quart du temps de la pose ; car dans cette recommandation je trouve le moyen presque infaillible d'obtenir la vigueur qui manque si souvent aux yeux bleus.

La personne qui sera pour poser ne devra pas prendre un air trop sérieux ; elle évitera le plus souvent cet inconvénient trop commun si, laissant de côté toute préoccupation relative à la prétendue difficulté de garder l'immobilité pendant quelques secondes, elle s'entretient avec l'opérateur de choses provoquant à la gaîté ; car au moment où celui-ci prononcera la formule invariable : *ne bougez plus*, elle s'arrêtera avec une physionomie enjouée, sans presque se douter que ce moment est celui de la pose et que dans un instant elle va entendre dire : *c'est fait*.

Les portraits d'enfants présentent plus de difficultés. Jusqu'à l'âge de trois ans l'enfant, ne pouvant que bien rarement poser seul, aura besoin d'être tenu sur les genoux. Passé cet âge, jusqu'à cinq ans, il pourra quelquefois poser seul ; mais il sera préférable de le poser debout appuyé contre une personne assise, qui le soutiendra avec son bras passé derrière le dos et la main placée à la taille, ou légèrement appuyée sur l'épaule. Dans l'un et l'autre cas, la personne qui soutiendra l'enfant devra elle-même garder l'immobilité, afin que son portrait soit fait en même temps, et que l'on obtienne ainsi un groupe bien plus satisfaisant que ne le serait l'image de l'enfant détachée, sur laquelle subsisterait toujours quelque partie de l'image de la personne qui l'aurait soutenu pendant la pose.

L'opérateur fera placer, presque de profil, la personne assise qui tiendra l'enfant sur ses genoux, en lui recommandant toutefois de tourner la tête pour pouvoir fixer son regard sur l'objectif. De cette façon les deux têtes se trouveront sur le même plan, sans quoi il serait impossible de mettre *au point* les deux figures en même temps.

Quant à la personne assise qui soutiendra l'enfant debout à côté d'elle, il lui sera facile de le maintenir sur le même plan qu'elle-même; mais elle évitera, si c'est une dame, de trop le masquer avec l'ampleur de sa robe.

La mobilité habituelle des enfants, qui ne comprennent pas d'ailleurs ce que l'on attend d'eux, est une cause de nombreux insuccès. Pour obvier à cet inconvénient, j'ai imaginé un expédient dont je me sers depuis plus de quinze ans, qui, sans être infaillible, réussit presque toujours. Voici en quoi il consiste : au moment de la pose je préviens la personne qui soutient l'enfant, que l'opération dans la chambre noire va commencer ; je mets *au point*, à cet instant je recommande l'immobilité, ce dont l'enfant se soucie peu, cependant je lui parle, et je parviens, sinon par le raisonnement au moins par le bruit, à attirer son regard vers la chambre noire sur laquelle je pose prestement un jouet quelconque, sortant de sous mon paletot, que mon jeune modèle regarde avec une convoitise mêlée d'étonnement ; aussitôt je retire l'obturateur, et le temps de pose est souvent révolu, que mon bambin est encore en arrêt, si je puis m'exprimer ainsi. Pour le distraire je lui adresse quelque félicitations sur sa pose irréprochable, et rentrant dans mon laboratoire, j'ai la satisfaction de voir que j'ai obtenu une fort belle épreuve, une figure d'enfant bien modelée, ce qui est rare, et par conséquent une physionomie expressive, indice certain d'une parfaite ressemblance.

Beaucoup de photographes se servent de l'appuie-tête. Ce petit appareil est utile dans les galeries vitrées où la durée de la pose est quelquefois très-longue, mais je ne le conseille pas à l'amateur qui opère dehors par un beau temps ; car, en s'en servant, il n'obtiendrait souvent qu'une image caractéristique d'une attitude contrainte, rarement naturelle.

L'opérateur placera la chambre noire à la distance d'au moins deux fois et demie la hauteur du modèle. Si elle était plus près, le modèle donnerait l'image dans des proportions trop fortes, contraires aux lois de la perspective ; mais il n'y aura pas d'inconvénient à l'éloigner davantage, seulement l'image sera d'autant plus petite que l'éloignement aura été plus considérable ; c'est ainsi que l'on obtient si bien, et plus vite, des cartes de visite avec un objectif 1/2 plaque et même plus grand. Je dis plus vite, parce qu'en général le temps de pose est plus court quand l'objectif est éloigné du sujet.

Quelle que soit la pose que l'on aura jugé la plus convenable, une colonne, une chaise, une table, un fauteuil, etc., qui se détacheraient sur le fond dont ils détruiraient la monotonie, pourront, dans bien des cas, trouver place à côté du modèle, et même lui servir de point d'appui.

La pose du modèle, de même que l'agencement des choses accessoires, demande une certaine habitude que l'amateur acquerra d'autant plus facilement qu'il ap-

3.

portera plus de bon goût et de réflexion dans ses essais.

DES GROUPES.

—

Outre la règle invariable qui exige, pour les groupes, que les personnages soient placés bien près les uns des autres et, autant que faire se pourra, sur le même plan, sans quoi la mise au point de l'ensemble serait impossible, on ne peut donner des notions précises sur les diverses attitudes à faire prendre. L'opérateur devra donc consulter son propre sentiment et faire poser selon ses inspirations.

Toutefois, je dois dire que des groupes où figurent une ou deux personnes assises, et les autres debout appuyées sur le dos du fauteuil ou de la chaise, produisent un bon effet; et que des groupes dont quelques-uns des personnages, assis ou debout, ont posé à regard perdu tandis que les autres ont fixé leur vue sur l'objectif, ne sont pas à dédaigner. Dans tous les cas, l'opérateur recommandera aux personnes dont les vêtements seront les plus foncés de se placer du côté le plus éclairé, et fera bien attention à ce que les yeux de toutes, quand il mettra *au point*, se révèlent avec netteté sur la glace dépolie.

DE LA MISE AU POINT.

—

Pour mettre *au point* on tire un peu le tiroir de la chambre noire, que l'on fixe à volonté au moyen de l'écrou qui s'y trouve ; puis, afin d'intercepter le jour qui empêcherait de voir distinctement sur la glace dépolie, on se couvre la tête avec un morceau d'étoffe assez grand pour couvrir en même temps la chambre noire ; et, au moyen de la crémaillère de l'objectif, on imprime à celui-ci, placé en face du modèle, un mouvement de va-et-vient jusqu'à ce que l'image du sujet se manifeste sur la glace dépolie avec beaucoup de détails et de netteté. Mais pour pouvoir arriver à ce résultat, qui constitue ce que l'on nomme la mise *au point*, il faut que les objets à représenter soient sur le même plan, ce qui, dans l'acception la plus restreinte du mot, ne peut exister que quand ces objets sont des tableaux ou des gravures ; car tous autres objets animés ou inanimés ont plus ou moins de parties saillantes, ou relief, contrastant avec des enfoncements et des parties fuyantes. Ainsi, par exemple, si c'est une dame qui pose, l'ensemble de sa personne aura beau être placé parallèlement au plan des verres de l'objectif, la glace dépolie ne donnera pas en même temps la même netteté dans la figure que dans les parties saillantes de la robe, et cela parce que la figure et ces parties saillantes ne seront pas à une égale distance de l'objectif ; or l'opérateur, pour obtenir l'image dans de bonnes conditions, devra chercher la point de netteté sur la partie du sujet la plus près du centre qui se trouvera à la distance moyenne de l'objectif. Toutefois, quand il s'agira de faire un portrait, il vaudra mieux avoir le plus de netteté possible sur la figure, un peu aux dépens des vêtements et des mains ; dans ce cas, ce sera en adoptant pour point visuel la ligne des yeux, la barbe ou la bouche, que l'opérateur pourra obtenir cette netteté si essentielle.

Les mains font rarement bien, parce qu'étant toujours plus près de l'objectif que la figure, elles se produisent trop fortes et souvent sans modelé. On évite quelquefois cet inconvénient en recommandant au modèle de les tenir près du corps ; mais cela n'étant pas toujours naturel, on peut recourir à d'autres moyens : une main à moitié passée dans le gousset du pantalon ou du gilet, ou un peu balante sur l'angle d'une table ou le dos d'une chaise ou d'un fauteuil, placés à côté du modèle, fait assez bien. La main tenant un livre, entre les feuillets duquel elle est à moitié cachée, ne fait pas mal non plus.

Pour les opérateurs qui seront dessinateurs et connaîtront la théorie des ombres et les règles de la perspective, ce que je viens de dire sur la pose et sur la mise au point sera facile à exécuter ; mais pour ceux qui ne posséderont aucune connaissance du dessin il n'en sera pas de même ; aussi je recommande à ces derniers de regarder souvent et avec une scrupuleuse attention, dans les premiers temps de leur début, les images qui se dessineront sur la glace dépolie, afin de se rendre compte de la valeur des ombres et de celle des lumières, et de pouvoir ainsi arriver à obtenir facilement la pose de leur modèle dans de bonnes conditions d'éclairement et dans une attitude naturelle.

DU NETTOYAGE DES GLACES.

—

Dans un vase en faïence on fait un mélange par parties égales, d'acide nitrique et d'eau, et on y plonge les glaces une à une.

Après cette immersion, qui devra être de quelques heures pour des glaces neuves, et d'un jour au moins pour des glaces ayant déjà servi, surtout si dans le nombre il se trouve des clichés vernis, on les retire et on les frotte fortement avec un tampon de chiffon, sur les deux faces et sur les bords; puis on les plonge et on les agite, toujours une à une, dans un autre vase plein d'eau pure. On jette l'eau devenue sale, et on en met de nouvelle dans laquelle on agite encore les glaces ; enfin on les rince à grande eau et on les place sur du papier buvard, debout sur un angle, l'angle opposé appuyé contre un mur afin qu'elles s'égouttent. Puis, sans leur donner le temps de sécher complétement, on les frotte avec un vieux linge très-propre pour les sécher parfaitement ; et, au fur et mesure, on les serre dans la boîte à rainures qui devra toujours être exempte d'humidité et de poussière.

Lorsqu'on veut se servir des glaces ainsi nettoyées, on fixe chacune d'elles entre le pouce, l'index et le petit doigt de la main gauche, sans poser les doigts sur les faces; et, avec la main droite munie d'un chiffon propre imbibé d'eau de pluie additionnée d'un 10me d'alcool, on lave le côté destiné à recevoir le collodion, et on l'essuie et le sèche en le frottant assez fortement et uniformément avec un vieux linge propre ; puis on prend un autre linge propre et bien sec avec lequel on frotte moins fortement, mais plus vivement, jusqu'à ce que la glace soit en quelque sorte échauffée par ce frottement précipité, et que le linge glisse dessus sans éprouver de résistance. A ce moment la glace, du côté destiné à recevoir le collodion, sera arrivée à son maximum de pureté. On l'époussetera des deux côtés avec un blaireau bien sec.

Les glaces ainsi polies et époussetées seront immédiatement réintégrées dans la boîte à rainures, où on les trouvera exemptes de poussière au fur et à mesure des b esoins de la journée. Il sera prudent pour celles qui resteront au lendemain, principalement si on opère en hi ver, d'y repasser un peu le chiffon imbibé d'eau additionnée d'alcool, et de les sécher et polir de nouveau avec un linge propre avant de s'en servir.

On s'assurera de la parfaite netteté de la glace, en ai sant condenser l'haleine dessus. Si la couche humide qui s'y formera est d'un ton gris uniforme et disparaît presque instantanément, la glace sera propre au service; m ais si cette couche n'était pas homogène, si elle présen-

tait des stries, ou si elle ne disparaissait que très-lente-
ment, ce serait une preuve que la glace n'aurait pas été
suffisamment polie. Dans ce cas, il faudrait repasser le
chiffon imbibé d'eau additionnée d'alcool et frotter de nouveau avec un linge bien sec.

Si la glace n'était pas bien pure et bien sèche, la
couche de collodion n'y adhèrerait qu'imparfaitement, et
l'épreuve ne se révélerait pas dans de bonnes conditions :
des taches grisâtres se formeraient dans les parties noires,
et, d'ailleurs, la couche argentifère pourrait se détacher
de la glace lors du lavage.

L'opération du nettoyage des glaces est plus impor-
tante qu'on ne le pense généralement ; aussi doit-on y
apporter beaucoup d'attention.

Les glaces d'une dimension supérieure à la grandeur
tiers de plaque, ne pouvant être fixées entre le pouce et
les doigts, on les appuiera, pour les nettoyer, soit par un
bout, soit seulement par un angle, sur une planche
quelconque placée à plat sur les genoux, ou bien sur une
de ces planchettes à polir qui se trouvent chez tous les
fournisseurs d'articles de photographie.

En lavant à l'eau additionnée d'alcool, on devra faire
attention à ce que le chiffon, non plus que la sueur des
doigts, ne produise pas d'humidité sur le derrière de la
glace, car le blaireau en l'époussetant prendrait plus ou
moins de cette humidité et la transmettrait infailliblement
à la surface destinée pour le collodion, qui est celle que
l'on doit épousseter en dernier lieu et avec le plus de
soin possible.

Tout ce que je viens de dire est applicable au verre

qui, quand il n'a pas de bulles d'air et est bien plan, peut remplacer la glace avec le double avantage du meilleur marché et de la facilité de se le procurer. L'amateur qui manquera de glaces pourra donc se servir de morceaux de verre; mais il devra préalablement en émousser les arêtes sur une meule ou une simple pierre à repasser, pour ne pas être exposé à se couper les doigts en les nettoyant.

CHAPITRE II.

FORMULES.

—

FORMULE 1re.

Pour le Collodion.

Dans un flacon rincé à l'alcool on met :

Coton-poudre (fulmi-coton). . .   2 grammes 25 centigrammes
Alcool rectifié à 56°. . . . . 55 centimètres cubes (1),
Alcool rectifié à 40°. 30   id.   id.

On agite le flacon afin que le coton s'imbibe, et on ajoute :

Ether sulfurique à 60° ou 62°. . 155 centimètres cubes (2).

Puis on remue le flacon pour hâter la dissolution du coton, qui a lieu dans l'espace de quelques minutes ; puis enfin on verse dans le flacon :

Liqueur Johnson, n° 1. . 15 à 16 centimètres cubes
Liqueur Johnson, n° 2. . . . 3   id.   id.

---

(1) Avec la mesure graduée, dont j'ai parlé page 9, n° 10 de la description de l'appareil, on pourra mesurer l'alcool et l'éther, chaque degré pour les grammes d'eau indiquant la capacité d'un centimètre cube.

(2) Il faut attendre, pour verser l'éther, que le coton soit bien imbibé d'alcool ; sans quoi il ne se dissoudrait pas toujours complétement.

Tout cela étant fait, on agite un peu le mélange de toutes ces substances, et on le laisse reposer pendant au moins deux jours. Après ce laps de temps on le décante, en transvasant la partie claire dans un flacon bien propre, rincé à l'éther et bouchant à l'émeri. Cette partie claire constitue un collodion photographique des plus sensibles, d'une extrême limpidité et pouvant se conserver dans ces bonnes conditions pendant plusieurs mois.

Formule 2,

Pour un autre Collodion.

Dans un flacon rincé à l'alcool, on met :

Coton-poudre. . . . . .   2 grammes 25 centigrammes
Alcool rectifié à 56°. . . .   20 centimètres cubes
Alcool rectifié à 40°.   50   id·   id.

On agite le flacon afin que le coton s'imbibe, et on ajoute :

Ether sulfurique rectifié à 60° ou 62°. . 170 centimètres cubes.

Puis on remue le flacon pour activer la dissolution du coton qui a lieu dans l'espace de quelques minutes.

Après quoi, on met dans la mesure graduée la quantité

de 20 à 25 centimètres cubes d'alcool à 36° dans laquelle on fait dissoudre (1) :

Iodure de cadmium	1 gramme 50 centigrammes
Iodure d'ammoniaque	» id. 25 id.
Bromure de cadmium	» id. 50 id.

Enfin on verse cette solution sur la dissolution de coton et on agite un peu le flacon pour que le mélange se fasse.

On laissera reposer ce liquide pendant quelques jours au bout desquels on en décantera la partie claire dans un flacon rincé à l'éther et bouchant à l'émeri.

C'est ainsi qu'on aura un collodion très-limpide, d'une sensibilité à peu près égale à celle du collodion préparé suivant la formule première, et pouvant comme celui-ci se conserver pendant plusieurs mois sans déperdition sensible de ses qualités photogéniques.

---

(1) Pour faire dissoudre une substance quelconque dans la mesure graduée, on se sert d'un petit bâton en verre, dit agitateur, à défaut duquel on peut se servir d'un petit éclat de bois blanc bien sec, très-propre.

FORMULE 3,

Pour le bain d'argent propre à sensibiliser la couche de collodion.

On met dans la mesure graduée, bien lavée avec de l'eau distillée ou de l'eau de pluie très-pure :

Eau distillée. . . . . . . 100 grammes
Nitrate d'argent cristallisé. . . 8 id. (1).

Lorsque le nitrate est complétement dissout, ce qui a lieu dans moins d'un quart d'heure, surtout si on se sert de l'agitateur dont j'ai parlé page 43, note 1, on ajoute à cette solution quelques gouttes de collodion, puis on la filtre dans un flacon en verre de couleur bouchant à l'émeri, lavé préalablement avec de l'eau de pluie pure et rincé avec de l'eau distillée. On a ainsi un bain d'argent propre à sensibiliser la couche de collodion.

L'addition de quelques gouttes de collodion est utile pour saturer la solution : car il arrive rarement qu'un bain neuf, sans cette précaution, n'ait pas l'inconvénient de dissoudre en partie, et même quelquefois complétement, la couche de collodion. Le bain d'argent n'est véritablement bon qu'après qu'il a été saturé par la sensibilisation

---

(1) La quantité de 8 pour cent convient pour une saison tempérée : en été 7 grammes pour cent suffiront ; mais en hiver on dosera à 9 pour cent.

de quelques glaces, ou que quelques gouttes de collodion lui ont donné cette qualité.

Ce bain s'affaiblit en proportion du nombre de glaces sensibilisées ; or, on doit le renforcer de temps en temps avec quelques grammes d'une solution neuve de nitrate d'argent à 11 ou 12 grammes par 100 grammes d'eau, pour le ramener autant que possible à son titre de huit pour cent. Cette appréciation est abandonnée à la sagacité de l'opérateur, qui ne doit pas oublier que le succès de ses opérations est souvent dû à un bain d'argent entretenu dans de bonnes conditions.

Toutefois, on comprend que le renforcement ne peut pas indéfiniment être pratiqué avec succès ; car plus on use de ce moyen, moins on est certain du titre de son bain ; et d'ailleurs, le bain en vieillissant arrive à un degré d'acidité tel, qu'il est plus prudent de le renouveller entièrement (1).

---

(1) Un ancien bain devenu trop acide, auquel on ajoute une partie égale d'eau distillée et qui se trouve ainsi réduit à environ 4 grammes de nitrate d'argent par 100 grammes d'eau, peut, ce me semble, être utilisé au renforcement des clichés ; car je m'en suis souvent servi, à défaut de la solution indiquée par la formule 6, sans avoir eu lieu de m'en plaindre.

Formule 4,

Pour le bain de fer révélateur de l'image.

Dans un flacon quelconque, on met :

Eau de pluie.	400	grammes
Sulfate de fer.	20	id.
Acide acétique cristallisable. . .	8	id.
Alcool à 36° ou à 40°.	8	id.

On agite le flacon pour activer la dissolution du sulfate, qui a lieu dans l'espace de quelques heures, et bien plus promptement si on a pris la précaution de le pulvériser avant de le mettre dans le flacon, ou si on expose celui-ci devant le feu ou au soleil ; puis, après la dissolution complète on filtre, et on a ainsi un bain d'une couleur verdâtre prêt à être employé, qui se conserve assez longtemps. Toutefois, comme il se colore en rouge brun en servant, il sera bon de le renouveller quand cette couleur trop prononcée semblera nuire à sa limpidité.

L'addition d'acide acétique et d'alcool n'est pas absolument indispensable, car on obtient quelquefois de bonnes épreuves avec une simple solution de sulfate de fer faite avec la dose de 4 à 6 grammes de ce sel par 100 gr. d'eau.

FORMULE 5,

1re *solution pour renforcer*.

Dans un flacon en verre de couleur, on met :

> Eau distillée ou de pluie pure. . . 175 grammes
> Acide pyrogallique. . . . . . . 1 id.
> Acide acétique cristallisable. . . . 6 id.

Cette solution, qu'il est bon de filtrer, n'est pas susceptible de se conserver bien longtemps : au bout de quelques jours, surtout en été, elle perd de son énergie et souvent noircit.

FORMULE 6,

2e *solution pour renforcer*.

Dans un autre flacon en verre de couleur, on met :

> Eau distillée. . . . . 100 grammes
> Nitrate d'argent cristallisé. . . . 4 id.

Cette solution mise à l'abri de la lumière, se conserve indéfiniment.

On l'emploie mélangée avec la solution précédente.

FORMULE 7,

Pour le bain d'hyposulfite fixatif du cliché.

      Eau de pluie. . . . .   200 grammes
      Hyposulfite de soude.   80   id.

Ce bain se conserve longtemps ; toutefois, il s'affaiblit par l'usage, les épreuves que l'on y plonge immédiatement après le lavage étant toujours chargées d'un peu d'eau ; c'est pourquoi il sera bon de le renforcer de temps en temps avec quelques grammes d'hyposulfite, si on ne préfère en faire un nouveau.

FORMULE 8,

Pour le bain d'argent sensibilisateur du papier positif.

On met dans un flacon en verre de couleur bouchant à l'émeri :

      Eau distillée. . . . .   100 grammes
      Nitrate d'argent cristallisé. . . . 18 à 20   id.

Ce bain se conserve bien, mais comme il s'appauvrit en proportion du nombre de feuilles sensibilisées, il faudra le renforcer un peu, de temps à autre, par l'addition de quelques grammes de nitrate d'argent, pour le ramener à peu près à son titre de 18 à 20 pour cent.

Si cette solution venait à prendre une couleur sale en servant, on remédierait à cet inconvénient par le moyen indiqué dans la note 2, page 71.

FORMULE 9,

Pour le bain d'or, propre au virage des épreuves positives sur papier.

On met dans un flacon bien propre :

Eau distillée.	250 grammes
Chlorure d'or	1/2 id. (1)

On agite un peu le flacon, et le chlorure d'or se dissout presque instantanément ;

Et, dans un autre flacon de la capacité d'au moins 500 grammes, on met :

Eau distillée.	250 grammes
Acétate de soude cristallisé. . . .	9 id.
Acétate de soude fondu.	5 id.

On agite un peu et quand l'acétate de soude est complé-

---

(1) Le chlorure d'or ne se vendant pas par flacons de moins d'un gramme, et cette substance étant très-susceptible de se liquéfier, on évitera de se placer dans un endroit humide quand on voudra extraire du flacon le 1/2 gramme de chlorure dont on aura besoin.

4.

tement fondu, ce qui a lieu dans l'espace de quelques minutes, on verse sur cette solution d'acétate, la solution d'or petit à petit et en agitant.

Ces deux solutions, ainsi réunies dans le même flacon, constituent un très-bon bain de virage, qui se conserve assez bien à l'abri de la lumière (1).

On s'abstiendra de s'en servir immédiatement, car il sera meilleur un jour ou deux après sa préparation (2).

---

(1) Si par inadvertance on versait la solution d'acétate sur la solution d'or, au lieu de verser celle-ci sur la solution d'acétate, l'effet ne serait pas le même : un précipité d'or se déterminerait et le bain serait gâté.

(2) L'amateur qui travaille peu, ou à de longs intervalles, fera bien pour ne pas être exposé à voir, au bout de quelques mois, son bain de virage perdre de son énergie, de conserver séparément les solutions d'or et d'acétate de soude, pour n'en mêler par parties égales, au moment où il voudra procéder à un virage, que la quantité nécessaire pour le nombre d'épreuves qu'il aura à virer. En agissant de la sorte on aura toujours un bain neuf, car avant leur mélange les solutions d'or et d'acétate se conservent à peu près indéfiniment. A la vérité la solution d'acétate peut se troubler, mais cela ne tire pas à conséquence ; d'ailleurs on a la liberté de la filtrer, ce qui ne doit être fait, dans aucun cas, pour la solution de chlorure d'or.

Formule 10.

Pour le bain d'hyposulfite fixatif des épreuves sur papier
qui ont été soumises au virage.

Dans un flacon on met :

Eau de pluie. . . . . 500 grammes
Hyposulfite de soude. 140   id.

Ce bain peut fixer un grand nombre d'épreuves. Toutefois, bien qu'on le filtre, il perd de sa limpidité par l'usage; c'est pourquoi il sera bon de le renouveller de temps en temps.

Un nouveau bain, mêlé avec un quart de l'ancien, fait au moins aussi bien qu'un bain entièrement neuf.

CHAPITRE III.

DISPOSITIONS PRÉLIMINAIRES POUR L'OBTENTION DU CLICHÉ.

Etant dans le laboratoire éclairé par une simple bougie, on retire du casier les trois cuvettes destinées pour les bains d'argent, de fer et d'hyposulfite, préparés suivant les formules 3, 4 et 7. On s'assure de leur parfaite propreté : on les place de niveau, les deux premières sur la première table à la distance l'une de l'autre d'environ soixante centimètres, et la troisième sur une autre table afin qu'elle soit toujours à l'écart autant que possible ; et on place au-dessus, au moyen de leurs supports, les entonnoirs garnis de leurs filtres ; puis on verse dans les filtres les liquides propres à chaque cuvette, en quantité suffisante pour la submersion complète des glaces.

Pendant que la filtration se fait, on met en place, pour les avoir sous la main, le châssis destiné à recevoir les glaces collodionnées, les deux flacons contenant les solutions renforçatrices préparées suivant les formules 5 et 6, le verre à bec nécessaire pour l'emploi de ces solutions, et le vase à trois tubulures contenant l'eau devant servir aux lavages.

La filtration étant effectuée, on place les entonnoirs sur leurs flacons où ils finissent de s'égoutter, et on se débarasse des porte-entonnoirs.

Puis on porte la chambre noire, fixée sur son pied, dans l'endroit où doit avoir lieu la pose; on place le modèle et on met au point, en se conformant à ce que j'ai dit pages 35 et 36.

Tout étant ainsi disposé, on prévient le modèle pour qu'il ne se fatigue pas inutilement, que ce ne sera que dans deux ou trois minutes qu'on l'invitera à garder l'immobilité absolue, et on passe aux manipulations suivantes :

APPLICATION DU COLLODION (1).

On prend dans la boîte à rainures une des glaces prêtes à recevoir le collodion, c'est-à-dire nouvellement polies, bien sèches et exemptes de poussière ; et, la tenant par un angle avec le pouce et l'index de la main gauche, et ce, dans une position horizontale, avec l'autre main on verse doucement le collodion (2) à peu près au milieu de la glace, que l'on incline légèrement en plusieurs. sens et de telle sorte que le liquide puisse s'étendre d'abord du côté de la main gauche, et ensuite vers la main droite ; et, aussitôt que toute la surface en est couverte, on recueille l'excès en posant sur le goulot du flacon l'angle opposé à

---

(1) Il n'y a pas d'inconvénient à collodionner la glace à la lumière du jour, pourvu que l'on soit dans une pièce à proximité du laboratoire et non dehors au vent ou au soleil.

Le collodion s'évaporant promptement, il ne faut déboucher le flacon que le moins possible ; or, il sera bon, quand on voudra opérer, de prendre de suite, dans un petit flacon bien propre, la quantité de ce liquide jugée nécessaire pour les besoins de la séance.

Avant de collodionner on doit se laver et se sécher parfaitement les mains, surtout si on sort de manier des glaces chargées d'hyposulfite ; car la moindre partie de ce sel restée aux doigts, de même que la vapeur que leur humidité produirait sur la glace, suffirait pour détruire la pureté de celle-ci et la rendre impropre à recevoir convenablement le collodion sans un nouveau polissage.

(2) L'opérateur essuiera préalablement le goulot du flacon, afin d'enlever les pellicules de collodion desséché qui s'y forment ordinairement ; car la plus petite partie de ces pellicules qui tomberait ou se trouverait entrainée sur la glace donnerait lieu à des taches.

celui par lequel on tient la glace que l'on dresse verticalement en lui imprimant un léger mouvement oscillatoire, dans le but d'éviter les stries ou rides qui pourraient se former pendant l'écoulement du collodion. La glace dans cette position s'égoutte promptement, et il n'y a pas de perte de collodion. On finit de l'égoutter en posant le bord humide sur une feuille de papier buvard. Pendant cela, la coagulation du collodion étendu sur la glace se complète; et, aussitôt que la couche a acquis une certaine consistance, ce qui se produit dans l'espace de six à huit secondes, on immerge la glace dans le bain sensibilisateur.

SENSIBILISATION DE LA COUCHE DE COLLODION (1).

La glace étant collodionnée comme il vient d'être dit et tenue toujours de la main gauche par le même angle, avec l'autre main on soulève par le côté droit la cuvette contenant le bain d'argent sensibilisateur, de manière qu'elle se trouve inclinée et que tout le liquide soit amené du côté gauche, et on dépose la glace à plat, le collodion en dessus, au fond de la cuvette, à l'endroit non couvert de

---

(1) On ne doit procéder à cette opération que dans le laboratoire, éclairé seulement par une simple bougie, ou la lumière du dehors très-affaiblie au moyen du verre jaune dont j'ai parlé page 14, note 1; car à la lumière naturelle, l'effet du bain d'argent s'annihilerait et la couche de collodion demeurerait insensible.

liquide, puis la main droite abandonne la cuvette qui en retombant légèrement reprend son niveau sur la table, en même temps que la main gauche abandonne définitivement la glace qu'elle soutenait en dernier lieu, avec l'index seulement, pour l'empêcher de glisser vers le liquide, qui, à cet instant, revient en nappe couvrir tout le fond de la cuvette et submerge la glace. Il faut que cette submersion ait lieu d'un seul coup et sans temps d'arrêt.

La glace étant ainsi couverte de liquide, on la laisse en repos l'espace de quinze à vingt secondes, temps pendant lequel sous l'influence du bain, la couche de collodion blanchissant petit à petit se sensibilise et acquiert une certaine opacité ayant l'aspect de la nacre; puis on balance légèrement la cuvette pour imprimer au liquide un mouvement de va-et-vient sur la couche, afin de faire disparaître les veines huileuses qui s'y sont formées lors de sa mise en contact avec le bain.

On soulève de temps en temps la glace avec un petit crochet en argent ou simplement en baleine, et on la regarde de côté pour s'assurer si les veines huileuses n'existent plus, car presqu'aussitôt qu'on est certain qu'il n'en reste plus de trace on doit retirer la glace du bain (1); à cet effet, au moyen du crochet que l'on tient

---

(1) On est certain que le collodion est bon et en harmonie avec le titre du bain d'argent, si la couche sensibilisée a pris un ton blanchâtre tirant légèrement sur le jaune un peu rougeâtre ou bleuâtre et assez de consistance pour présenter une opacité ayant l'aspect de la nacre et presque la transparence du verre dépoli.

Bien que le dosage prescrit par les formules ait été exactement observé, le collodion n'est pas toujours parfait; car dans le nombre

de la main droite, on la soulève un peu, on la saisit avec
la main gauche, à l'angle par lequel on la tenait en la
collodionnant, et on la dresse verticalement, de façon que
le collodion soit vers le corps et qu'elle puisse s'égoutter
par celui des angles libres qui se trouve le plus près de
la main (on peut activer l'égout en tapotant légèrement
avec cet angle sur le bord de la cuvette). Lorsqu'elle est
à peu près égouttée, on l'essuie par derrière avec du
papier de soie, pour enlever le collodion qui s'y serait
glissé, ainsi que les larmes de liquide qui pourraient s'y
trouver ; puis, sans perdre de temps, on l'enferme dans
le châssis (1) à épreuves, le collodion en dessous et l'angle

---

des substances employées il a pu s'en trouver de médiocre qualité,
sinon mauvaises, et d'ailleurs l'alcool, de même que l'éther, pourrait
être au-dessous du degré indiqué sur l'étiquette.

Mais il faut dire aussi que le meilleur collodion ne peut donner de
bons résultats si le bain d'argent n'est pas dans les conditions vou-
lues. S'il était trop fort, par exemple, la couche de collodion blan-
chirait presque instantanément et se dissoudrait.

Du reste, un collodion qui ne marche pas bien peut, étant modifié,
devenir très-bon : on y ajoute, s'il est trop épais, un peu d'éther ; s'il
ne blanchit pas assez dans le bain d'argent, quelques centigrammes
d'iodure de cadmium ; et, s'il est trop fluide, un peu de coton. (Voir
page 92.)

(1) L'opérateur a dû enlever préalablement, avec du papier de soie
ou un petit morceau d'éponge, les gouttes de liquide qu'une précédente glace aurait laissées dans ce châssis, dont le volet, afin qu'il n'y
ait ni poussière ni ordures susceptibles de s'en échapper lors de sa
mise en mouvement pour l'opération dans la chambre noire, lesquelles
occasionneraient des taches sur la couche de collodion, doit être é-
poussoté avec un blaireau ou la paume de la main, et non essuyé avec
du linge toujours trop pelucheux pour ne pas laisser quelques poils
au moins aussi à craindre que la poussière.

Il faut que le châssis ferme bien, afin que le jour, quand on sera
dehors, ne puisse y pénétrer, ce qui gâterait la couche de collodion.

Au surplus il sera bon, lorsque la pose aura lieu à une certaine distance du laboratoire, d'envelopper le châssis d'un linge légèrement
humecté, afin d'intercepter l'air et de ralentir ainsi la déperdition
de l'humidité de la couche sensible.

par lequel elle s'est égouttée placé par en bas ; et immédiatement on fait l'épreuve (1).

Cette manière de sensibiliser la couche de collodion est aujourd'hui presque généralement adoptée par les praticiens ; mais comme elle demande une certaine habileté que l'on n'acquiert que par de nombreux essais, voici un autre moyen plus facile pour l'amateur peu exercé.

On pose la glace de champ dans le bain sensibilisateur, tout à côté du bord de la cuvette le plus près du corps, la couche de collodion tournée à l'opposé ; puis, avec un crochet que l'on pose sur le bord supérieur de la glace, on abaisse cette glace sur le liquide, sans temps d'arrêt, laissant le crochet dont l'épaisseur d'environ deux millimètres empêchera la couche de collodion de toucher au fond de la cuvette, contre lequel sans cette précaution elle se déchirerait. Après environ vingt secondes de cette immersion, toujours avec le crochet, doucement et sans secousse, on redresse la glace de champ ; on l'abaisse de nouveau sur le bain, on la redresse encore et on continue cette manœuvre sans trop se presser, jusqu'à ce que les veines ou traînées huileuses dont j'ai parlé aient disparu ; puis enfin on l'égoutte et on la place dans le châssis de la manière ci-devant indiquée.

Cet autre moyen, il est vrai, présente quelquefois un inconvénient dont je dois avertir le lecteur : c'est que la couche de collodion, au moment de sa mise en contact avec le bain, peut se charger plus ou moins de ce corps

---

(1) Si on tardait à faire l'épreuve, la couche de collodion perdrait de sa sensibilité et finirait, en séchant, par ne plus être susceptible de donner une image convenable. quand même l'opérateur prolongerait beaucoup la durée ordinaire de la pose.

gras imperceptible qui existe souvent à la surface du liquide quoiqu'il ait été filtré, principalement quand le bain est neuf, d'où il résulte des taches qui lors du développement de l'image se révèlent en forme de traînées blanchâtres, ressemblant à des éclaboussures, qu'il est impossible de faire disparaître.

Quoi qu'il en soit, quand mon bain n'est pas absolument neuf, j'emploie souvent ce moyen très-facile de sensibiliser, et je n'ai que bien rarement des taches sur mes épreuves (1).

EXPOSITION A LA CHAMBRE NOIRE
ET DURÉE DE LA POSE.

Aussitôt que la glace sensibilisée est enfermée dans le châssis, on sort du laboratoire emportant ce châssis, qu'il faut tenir dans une position verticale, de crainte que le liquide qui a pu s'accumuler au bord inférieur de la

---

(1) Quel que soit le moyen qu'on emploie pour sensibiliser la couche de collodion, le bain sensibilisateur finit par s'affaiblir; or, on doit le renforcer, (voir ce que j'ai dit à ce sujet, page 45.)

glace ne revienne sur la couche de collodion (ce qui détruirait son homogénéité), et on le place debout, appuyé contre un objet quelconque, à proximité de la chambre noire; puis on pose définitivement le modèle, et on met *au point* le plus exactement possible (1). On retire le châssis à glace dépolie, et à sa place on coule doucement celui renfermant la glace collodionnée. Alors on tire le volet masquant cette glace, on recommande au modèle de ne plus bouger, et on enlève, sans secousse, l'obturateur que l'on replace aussitôt que le temps de pose jugé nécessaire est expiré. Tout de suite on renfonce le volet, afin de masquer de nouveau la glace, et on enlève le châssis que l'on porte immédiatement au laboratoire où, sans tarder, on procède au développement de l'image (2).

On ne peut indiquer qu'approximativement la durée de la pose, parce qu'elle est subordonnée à l'état de la température, à la longueur du foyer de l'objectif, à sa distance du modèle, et surtout à l'intensité de la lumière.

---

(1) Si le soleil dardait ses rayons dans l'objectif, il faudrait les intercepter au moyen d'un carton tenu ou placé de façon à produire de l'ombre sur les verres ; car sans cette précaution on n'obtiendrait que des clichés gris, très-mauvais.

(2) Le lecteur comprend, d'après ce qui a été dit page 59, note 1, qu'il sera bon, pour ne pas donner le temps à la couche de collodion de perdre de sa sensibilité, que tout ce qui vient d'être prescrit pour l'exposition à la chambre noire soit fait prestement, surtout s'il s'est déjà écoulé deux ou trois minutes depuis la sensibilisation de la glace, ce qui arrive lorsqu'on photographie un paysage ou des monuments situés à quelques centaines de mètres du laboratoire, qu'il n'est pas toujours facile d'établir là où on le voudrait.

Quand on fait le paysage on met d'abord *au point* ; ensuite on sensibilise la glace, et on va vite faire l'épreuve; puis on revient à pas de géant pour procéder immédiatement au développement.

Par un temps ni trop chaud ni trop froid, mais clair, la pose à l'ombre, avec mon collodion, sera de huit à douze secondes pour un négatif, et seulement de quatre à sept secondes pour un positif. Au soleil elle sera à peu près instantanée ; mais en temps sombre, de même que quand le jour est sur son déclin, il ne faudra pas moins de vingt-cinq à quarante-cinq secondes.

L'amateur fera bien, dans les premiers temps, de s'exercer à juger exactement de la durée des secondes, en comptant mentalement depuis une jusqu'à un nombre voulu.

DÉVELOPPEMENT DE L'IMAGE.

—

Etant rentré dans le laboratoire (1), on retire du châssis la glace collodionnée, sur laquelle aucune trace de l'impression lumineuse reçue dans la chambre noire n'est encore visible, et on la pose de champ dans le bain de

(1) Il ne faut pas que le laboratoire soit plus éclairé qu'il n'a dû l'être pendant la sensibilisation de la glace (voir ce qui est dit note 1, page 56); car la couche de collodion, si elle voyait le jour avant le développement de l'image, ne pourrait tout au plus donner, quand même la pose aurait eu lieu dans les meilleures conditions, qu'un cliché gris, sans vigueur.

fer, tout près du bord de la cuvette le plus proche de l'opérateur, la face collodionnée tournée à l'opposé ; puis, au moyen d'un crochet qui ne sera pas le même que celui qui aura servi au bain d'argent, avec lequel il ne devra jamais se trouver en contact, on l'abaisse tout d'un coup sur le liquide ; et, presque instantanément, à travers cette glace et le liquide dont elle est submergée, on voit l'image se dessiner.

Les parties qui ont été les moins impressionnées par la lumière et par conséquent les plus translucides paraissent, à cause du fond sombre de la cuvette, prendre un ton noir. Aussitôt que cet effet de transparence s'est produit et que le ton noir commence à se voiler, ce qui a lieu ordinairement après cinq ou six secondes d'immersion, on retire la glace du bain, et de suite on la lave sur les deux faces en l'arrosant avec de l'eau de pluie ou de rivière. Lorsqu'elle est bien lavée, ce dont on est certain si en la regardant de côté on n'apperçoit pas de traces huileuses sur la couche de collodion, on s'approche de la bougie et on juge par transparence de la venue de l'image.

Si la durée de la pose a été trop longue, l'épreuve sera d'un ton gris général, et les parties sombres du modèle ne contrasteront pas suffisamment avec les parties claires : celles-là seront trop opaques et celles-ci brûlées, c'est-à-dire passées du noir au gris ; donc l'épreuve sera mauvaise, et ce serait en vain qu'on chercherait à la renforcer, car tout en noircissant un peu, le cliché prendrait une opacité telle, qu'il ne donnerait sur papier que des épreuves pâles et sans modelé.

Si au contraire le temps de la pose a été trop court, les vêtements de couleur sombre, les ombres et les cheveux seront sans détails, et les linges, ainsi que les parties fortement éclairées, ne seront pas susceptibles de devenir assez noirs ; or l'épreuve, dans ce cas comme dans le précédent, sera mauvaise comme cliché, car on aurait beau la renforcer, elle resterait toujours trop translucide dans les parties sombres, et n'acquerrait pas assez d'opacité dans les parties éclairées. Un tel cliché ne donnerait sur papier que des épreuves heurtées et sans détails dans les noirs, et souvent beaucoup trop brunes dans les blancs ; mais si la durée de la pose n'a été ni trop longue ni trop courte, les noirs du modèle se révèleront en blanc avec beaucoup de détails et de translucidité, et les blancs en noir avec une dégradation de tons admirable. Toutefois, sous la seule influence du bain de fer, l'épreuve quoique le temps de pose ait été bien calculé, n'arrive pas toujours à l'intensité voulue ; c'est pourquoi il faut la renforcer. Voici comment on s'y prend :

On met dans le verre à bec environ 10 grammes de la solution préparée suivant la formule 5 ; puis on verse sur la glace, que l'on soutient par un angle dans une position horizontale, une quantité suffisante de ce liquide pour couvrir tout-à-coup et uniformément la couche de collodion. Après quelques secondes, on fait rentrer le liquide dans le verre, en appuyant sur le bord de celui-ci un angle de la glace que l'on dresse verticalement. Ceci fait, on ajoute et mêle tout de suite à la solution d'acide pyrogallique rentrée dans le verre, dix à douze gouttes de la solution de nitrate d'argent préparée selon la formule 6 ;

et, sans perdre de temps (1), on verse ce mélange sur la glace que l'on soutient de nouveau horizontalement, en lui imprimant un léger mouvement en tous sens pour que le liquide s'étende et que l'image puisse se développer régulièrement. Après vingt à vingt-cinq secondes, l'image étant souvent assez développée, on recueille le liquide dans le verre, on lave la glace comme on l'a fait au sortir du bain de fer, puis on la place en face de la bougie et on voit par transparence si l'image a acquis assez d'intensité, c'est-à-dire si les parties blanches et éclairées du modèle, telles que la chemise, le col, la pommette des joues sont noires, et si les parties noires et ombrées sont blanches et bien transparentes. Si l'image n'apparaît pas dans ces conditions, c'est que le développement ne sera pas complet; Or, il faudra de nouveau verser le liquide et le faire aller et venir sur la glace, en imprimant à celle-ci le mouvement oscillatoire dont j'ai parlé ; mais il vient un moment où l'opération doit être arrêtée, c'est lorsque l'image commence à se voiler sous le liquide et que celui-ci devient noir et boueux, alors on incline la glace au-dessus du verre pour la débarrasser du liquide (2) et on la lave parfaitement.

Comme il arrive fréquemment que la pellicule de collodion, sous l'action du liquide renforçateur, tend à se détacher de la glace, on doit se donner de garde d'agir par secousses et faire bien attention, en l'arrosant soit

---

(1) Si on tardait à verser le mélange, ce qui serait resté sur l'image de la première solution deviendrait boueux, et le cliché n'acquerrait pas la translucidité voulue.

(2) Ce liquide ayant servi, ne vaudrait rien pour renforcer une autre épreuve ; il faudra le jeter.

5.

avec la solution renforçatrice, soit avec l'eau pour la laver,
à ne pas laisser tomber le liquide de trop haut et à le
faire couler de telle sorte qu'il ne s'en introduise pas entre
la glace et la couche de collodion. Malgré ces précautions il
arrive quelquefois que la couche se soulève sur les bords de
la glace et qu'il se forme des boursouflures jusque sur
l'image, mais le cliché n'est pas toujours perdu, car il
est rare qu'en séchant, les parties soulevées, s'il n'y a pas
trop de déchirures, ne se recollent pas à la glace.

FIXATION DE L'ÉPREUVE NÉGATIVE
OU CLICHÉ (1).

—

L'épreuve étant développée et parfaitement lavée, on
la plonge, le collodion en dessus, dans le bain d'hyposulfite préparé suivant la formule 7, et on balance doucement la cuvette pour, par ce moyen, faire passer et repasser plusieurs fois le liquide sur l'image; puis on la

---

(1) Cette opération peut avoir lieu au grand jour, ainsi que je l'ai
déjà dit page 16.

laisse en repos si le bain est assez abondant pour couvrir toute la surface de la glace. Dans l'espace de quelques secondes la couche, d'un ton blanc jaunâtre, prendra un aspect laiteux, résultant de la dissolution de l'iodure d'argent non impressionné par la lumière. Lorsque cette dissolution sera complète, ce qui a lieu souvent dans moins de deux minutes, et se reconnaît par la disparition du ton laiteux et par la pureté des parties noires de l'image devenues plus transparentes qu'avant l'immersion, on saisit l'épreuve par l'un des angles d'en bas, et on la retire du bain ; puis on la lave du mieux possible pour la débarrasser complétement de toute trace d'hyposulfite, car ce qui resterait de ce sel se cristalliserait en séchant et gâterait le cliché.

Le cliché étant ainsi lavé, on le place debout sur un angle, appuyé contre un mur, l'image tournée vers ce mur, et on le laisse sécher naturellement. Si on est pressé, on peut sans le moindre inconvénient hâter le séchage en le présentant devant le feu ou au soleil, mais il faut éviter la poussière.

C'est à tort que quelques auteurs ont conseillé de retirer la glace du bain d'hyposulfite aussitôt qu'elle est fixée, prétendant qu'un plus long séjour l'affaiblirait. Je ne puis partager cette opinion, l'expérience ayant prouvé que l'hyposulfite de soude est sans action sur l'argent réduit, et qu'il n'enlève que l'iodure qui n'a pas été décomposé par la lumière; or, il n'y a aucune raison de se presser de sortir l'épreuve du bain d'hyposulfite; on doit au contraire l'y laisser plutôt plus que moins, car avec certains collodions ou un temps de pose un peu trop long, il est quelquefois difficile de juger si l'épreuve est complétement fixée, et puis d'ailleurs ce résultat, si le bain est appauvri par un long usage, n'est souvent atteint qu'après cinq à dix minutes.

VERNISSURE DU CLICHÉ.

—

Quel que soit le cliché, la couche étant toujours fragile, il est indispensable, pour éviter les accidents que le moindre frottement pourrait occasionner lors du tirage des épreuves positives sur papier, de préserver l'image par une application de vernis, ce à quoi on procède de la manière suivante :

Le cliché étant bien sec et exempt de poussière, on le chauffe légèrement au-dessus d'un fourneau, des deux côtés, jusqu'à ce qu'il soit un peu plus que tiède, puis on verse sur la couche de collodion, vers le pouce et l'index de la main gauche, qui doivent soutenir la glace dans une position horizontale, une quantité au moins suffisante de vernis pour couvrir toute la surface, sur laquelle, par une faible oscillation, on accélère l'extension de ce liquide dont on fait couler l'excès dans le flacon ; puis, sans tarder,

on enlève avec du papier de soie le vernis resté en suspens au bord inférieur de la glace, et on présente la
couche de vernis au feu du fourneau pour en hâter la
dessiccation qui, si elle se faisait trop lentement, produirait sur le cliché un ton mat nuisible à sa transparence.

CHAPITRE IV.

—

OPÉRATIONS

**Pour l'obtention, d'après le cliché, d'épreuves
positives sur papier.**

SENSIBILISATION DU PAPIER POSITIF (1).

—

On place de niveau une cuvette en porcelaine bien
lavée à l'eau distillée et séchée avec du papier de soie,
et on met dedans, en le filtrant, le bain d'argent préparé
suivant la formule 8 (2); puis, ayant sous la main les
morceaux de papier que l'on veut sensibiliser, taillés

---

(1) Cette opération se fait à la lumière d'une bougie, et les papiers
sensibilisés ne devront voir le jour qu'exposés dans le châssis
positif.

(2) Bien que l'on filtre ce bain à chaque séance, il prend quelquefois une couleur sale résultant soit d'un long usage, soit de la sensibilisation de papiers défectueux. Pour décolorer cette solution et lui
rendre sa première limpidité, il suffit de mettre dedans une ou deux
pincées de kaolin réduit en poudre, de l'agiter de temps à autre et
de la filtrer au bout d'une ou deux heures.

d'avance de dimension convenable, on les pose sur ce bain un à un, côte à côte et de façon que le côté albuminé soit en contact avec le liquide et que le côté opposé, qui se trouvera en dessus, ne soit pas immergé. Du reste il est essentiel de soulever et agiter un peu chaque papier aussitôt après sa mise sur le bain, pour détruire les bulles d'air qui auraient pu se former sur l'albumine.

Ces papiers ne doivent séjourner que quatre à cinq minutes sur le bain. Au bout de ce temps on les enlève un à un en les faisant égoutter un peu dans la cuvette et on les suspend par un angle, au moyen d'épingles, au bord inférieur d'une tringle en bois blanc, et assez éloignés les uns des autres pour qu'ils puissent finir de s'égoutter et sécher sans se toucher (1).

Il sera bon, si on n'a pas à craindre la poussière ou l'humidité, de ne les détacher qu'au fur et à mesure qu'on voudra s'en servir, et seulement alors qu'ils seront bien secs, car l'humidité restée dans la pâte du papier ferait coller celui-ci au cliché et le gâterait.

Les papiers sensibilisés ne se conservent pas bien long-temps ; quoique placés dans l'obscurité ils brunissent. On fera donc bien de ne pas laisser écouler plus de deux ou trois jours avant de les employer. Il existe à la vérité des boîtes conservatrices, mais ce moyen n'étant pas toujours infaillible, je conseille aux amateurs de ne pas sensibiliser plus de papiers qu'ils ne pourront en em-

---

(1) L'amateur ne devra pas oublier que le lieu où les papiers seront ainsi suspendus, devra être constamment privé de la lumière du jour, car la moindre clarté venant du dehors finirait par les faire noircir.

ployer dans la journée, le lendemain et le surlendemain de la préparation.

TIRAGE DES ÉPREUVES POSITIVES SUR PAPIER.

—

On nettoie bien, des deux côtés, la glace du châssis positif, et on la place dans ce châssis. Il faut nettoyer aussi le cliché par derrière et chasser avec un blaireau la poussière qui pourrait se trouver sur le côté verni (1); on le pose sur la glace, l'image en dessus; puis on applique dessus un des papiers sensibilisés en faisant bien attention à ce que le côté sensibilisé se trouve en dessous et par conséquent en contact avec l'image; et on l'y maintient au moyen de la planchette à charnières que l'on pose dessus, qui sera elle-même maintenue par la pression des ressorts dont sont munis les deux traverses du châssis.

---

(1) Si le papier sensibilisé doit être bien sec au moment de son emploi, il n'est pas moins essentiel que la couche de vernis le soit également; c'est pourquoi il est prudent de s'abstenir, au moins jusqu'au lendemain, de tirer d'après un cliché sortant d'être verni, quoi qu'il ait été exposé devant le feu et que la couche de vernis semble bien sèche.

Cela fait, on expose le châssis en face du soleil, et dans l'espace de quelques minutes le papier, sous l'influence des rayons lumineux, se colore progressivement; l'image positive s'y produit et devient un peu visible à travers le cliché et la glace du châssis; mais pour s'assurer de sa venue et l'arrêter à point, c'est-à-dire lorsqu'elle est arrivée à un ton un peu plus foncé qu'on ne le voudra, attendu qu'elle perdra au virage, on rentre dans le laboratoire, on enlève un côté de la planchette du châssis et, à la clarté de la bougie on regarde, en soulevant l'un des bouts du papier, s'il est temps de cesser ou s'il faut continuer l'exposition à la lumière.

On pourrait se rendre compte de la venue de l'image en regardant dans un demi-jour, mais je conseille de l'examiner de préférence à la lumière de la bougie, parce que l'on ne sera pas obligé de se presser et que par cette raison on se rendra mieux compte de son degré d'avancement.

L'exposition du châssis au soleil n'est pas indispensable; on peut fort bien l'exposer à la lumière diffuse, l'image sera aussi belle; seulement elle viendra beaucoup moins vite : en temps sombre, surtout si le cliché est peu translucide, il faudra plusieurs heures d'exposition et quelquefois un jour entier.

Quelle qu'ait été la durée de l'exposition, lorsque l'épreuve est suffisamment venue, on la retire du châssis et on la serre à l'abri de la lumière du jour dans une boîte exempte d'humidité, où l'on met aussi, mais sans les presser, et au fur et à mesure de leur sortie du châssis, les autres épreuves que l'on juge à propos de tirer dans la même séance.

TIRAGE D'ÉPREUVES POSITIVES SUR PAPIER A FOND DÉGRADÉ.

—

Pour faire des épreuves à fond dégradé, on se sert de la vignette (verre peint) dont j'ai parlé page 9, sous le n° 18 de la description de l'appareil.

Voici comment on s'y prend :

Au moyen de bandes de papier enduites de la colle ci-après indiquée page 79 note 1, on fixe à la glace du châssis positif la vignette d'un côté et le cliché de l'autre (1), de façon que le centre non peint de la vignette se trouve vis-à-vis de la partie du cliché qui doit être reproduite, ce qui ne présentera pas de difficulté puisqu'en regardant en face du jour on pourra parfaitement se rendre compte de la position la plus convenable du cliché avant de le fixer définitivement; puis on place la glace ainsi garnie dans le châssis, de manière que le cliché soit en dedans; on met le côté sensibilisé du papier positif en contact avec l'image, et on procède du reste comme il a été dit pour le tirage ordinaire.

---

(1) C'est le derrière du cliché qui doit porter sur la glace; sans quoi on ne pourrait mettre le papier positif en contact avec l'image.

VIRAGE ET FIXATION DES ÉPREUVES POSITIVES SUR PAPIER. (1)

—

Il faut immédiatement après le tirage des épreuves positives sur papier, ou le lendemain, dans la matinée au plus tard, les virer et les fixer, ce à quoi on procède ainsi (2) :

On met tremper ces épreuves dans de l'eau de pluie bien propre ; puis, au bout de cinq minutes, et plus si l'on veut, car elles pourraient y rester une heure sans inconvénient, on les retire une à une, on les tient quelques secondes en suspens pour qu'elles s'égouttent, et on les plonge successivement dans le bain d'or préparé suivant la formule 9, où on les agite et retourne plusieurs fois afin que, le liquide s'interposant, elles ne se collent pas les unes aux autres.

---

(1) On doit opérer dans l'obscurité à la lumière d'une bougie.

(2) Avant de procéder au virage, l'opérateur doit se laver parfaitement les mains, surtout s'il vient de filtrer, comme cela se fait ordinairement, le bain destiné à fixer les épreuves qu'il va virer ; car la moindre partie d'hyposulfite restée aux doigts suffirait, en se communiquant aux épreuves lors des manipulations du virage, pour y occasionner des taches brunes, qu'il serait impossible de faire disparaître.

Ainsi baignées, les épreuves, d'un ton rouge-brun, changent de ton petit à petit : les parties blanches et les demi-teintes de l'image s'éclaircissent, et les ombres acquièrent de l'intensité. On examine les progrès de cette transition, tout en agitant et retournant encore les épreuves; et aussitôt qu'elles sont arrivées au ton noir violacé, quelquefois un peu bleuâtre, ce qui a lieu ordinairement dans l'espace de cinq à vingt minutes, on les sort du bain; on les lave en versant de l'eau sur les deux côtés, et on les plonge dans une bassine pleine d'eau propre où on les laisse jusqu'au moment de les fixer.

Afin de ménager le bain d'or, on n'en verse dans la cuvette que la quantité nécessaire pour la submersion de quatre ou cinq épreuves, car il est bon de n'en pas virer davantage à la fois, de crainte de ne pouvoir les surveiller toutes convenablement; sauf, si on en a un plus grand nombre, à virer le surplus toujours par quatre ou cinq à la fois sans qu'il soit besoin de renouveller le liquide. Pourtant si on avait à virer plus de douze à quinze épreuves, on ferait bien de le renforcer en y ajoutant quelques grammes de la solution orifère restée dans le flacon. D'ailleurs, si le virage marchait trop lentement, on pourrait activer son action en faisant chauffer faiblement le liquide au moyen de l'exposition de la cuvette sur un feu doux, ou au bain-marie.

Dans les maisons où l'on vire de grandes quantités d'épreuves, on utilise quelquefois, après un ou plusieurs jours, la solution qui a servi, pour commencer le virage d'autres épreuves, mais l'amateur fera bien de jeter ce liquide affaibli, afin de s'éviter la peine, au moment où il voudrait s'en servir, de le filtrer et de le faire chauffer, peine qui ne serait tout au plus compensée que par une économie insignifiante.

Les épreuves après le virage, si on s'est bien conformé à mes prescriptions, seront d'un beau noir; mais à la lumière du jour elles ne tarderaient pas à perdre de leur valeur et finiraient à la longue par se détruire complétement; c'est pourquoi il faut les fixer. Voici comment on procède à cette opération finale :

On filtre, dans la cuvette qui lui est destinée, le bain d'hyposulfite préparé suivant la formule 10, puis on y plonge les épreuves qu'il s'agit de fixer, que l'on agitera et refoulera de temps à autre dans le liquide pour les empêcher de s'agglomérer à la surface.

Sous l'action de ce bain, la dissolution du chlorure d'argent non attaqué par la lumière se complétera; et, dans l'espace de vingt-cinq à trente minutes, les épreuves seront fixées. Au bout de ce temps on les retire du bain et on les lave à grande eau; puis on les plonge dans une bassine pleine d'eau très-propre (1) où on les laisse baigner environ vingt heures afin qu'elles se débarrassent des sels restés dans la pâte du papier. Après ce temps, pendant lequel il faudra renouveller l'eau six ou sept fois, on les suspendra avec des épingles, à l'air et au grand jour si l'on veut, sans le moindre inconvénient. Ainsi suspendues, les épreuves sécheront naturellement en moins d'une heure; et il n'y aura plus qu'à les mon-

______

(1) Dans l'eau les épreuves paraissent un peu moins foncées qu'elles ne doivent l'être; mais en séchant elles prennent de la vigueur.

ter, c'est-à-dire les coller sur du carton Bristol bien cylindré (1).

Si on est pressé de monter les épreuves, on pourra se dispenser de les laisser vingt heures dans l'eau, à la condition qu'après les avoir parfaitement lavées à plusieurs reprises on les mettra séjourner dans un bain d'eau chaude, un peu plus que tiède, pendant au moins un quart d'heure, et qu'on les lavera encore plusieurs fois, à l'eau froide, au sortir de ce bain chaud.

---

(1) On se sert de gomme arabique ou de colle de farine. Je préfère la première qui, dissoute dans la proportion de 25 grammes pour 100 grammes d'eau pure, donne une colle qui se conserve bien dans un flacon et sèche plus promptement que la colle de farine. Dans l'un comme dans l'autre cas la couche de colle dont on enduit le revers de l'épreuve, au moyen d'une petite brosse plate, doit être légère et étendue régulièrement.

Avant de mettre la solution de gomme dans un flacon on la passera dans un tissu serré, afin d'en retirer les impuretés qui pourraient s'y trouver.

CHAPITRE V.

—

DU POSITIF DIRECT SUR VERRE.

—

Ayant expliqué, pages 21 et 24, ce que c'est que le positif direct sur verre, il ne me reste que peu de chose à en dire.

On opère de la même manière que pour le négatif, mais comme la décomposition, sur la glace, de la couche de collodion, ne doit pas être poussée aussi loin, sous peine de n'avoir pas dans les ombres et dans les noirs de l'épreuve cette belle transparence sans laquelle il n'y a pas de bon positif sur verre, le temps de pose devra être à peu près moitié moins long que pour le négatif; et, au lieu de renforcer l'épreuve après le parfait lavage qu'elle doit subir au sortir du bain de fer (1), on la plonge tout

---

(1) Pourtant si le bain de fer n'avait pas agi avec assez d'énergie, si l'épreuve paraissait trop faible ou imparfaitement développée, on pourrait la renforcer un peu avec la solution d'acide pyrogallique sans addition de nitrate d'argent.

6.

de suite dans le bain d'hyposulfite préparé suivant la formule 7, absolument comme on le fait pour le cliché (voir page 66), afin de la débarrasser de l'iodure non impressionné par la lumière. Lorsque la couche laiteuse, qui s'est formée dans les premiers instants de l'immersion, est dissoute et qu'il n'en reste aucune trace, on retire l'épreuve du bain et on la lave bien ; et aussitôt qu'elle sera sèche on pourra l'encadrer.

Les collodions, le bain d'argent et le bain de fer préparés suivant les formules 1, 2, 3 et 4, peuvent servir pour les positifs sur verre ; mais je conseille à l'amateur qui voudra se livrer spécialement à ce genre de photographie, d'iodurer un peu plus fortement son collodion, et de faire les solutions de nitrate d'argent et de sulfate de fer un peu plus concentrées, en mettant :

Pour le bain sensibilisateur, 9 grammes en été et 10 grammes en hiver de nitrate d'argent par 100 grammes d'eau, au lieu de 8 grammes exigés par la formule 3 (1) pour l'obtention des épreuves négatives.

Et pour le bain de fer, 15 grammes de sulfate de fer par 100 grammes d'eau, au lieu de 5 grammes, pour cette quantité d'eau, prescrits par la formule 4 (2).

L'épreuve positive sur verre, quand elle a été bien lavée au sortir du bain d'hyposulfite, est inaltérable et peut être exposée impunément à la lumière la plus vive ; mais pour la préserver de la poussière et de tout contact qui infailliblement rayerait l'image, et la soustraire

---

(1) Voir cette formule, page 44.
(2) Voir cette formule, page 46.

d'ailleurs autant que possible à l'humidité de l'atmosphère, il est indispensable de l'encadrer. A cet effet, après l'avoir bien nettoyée par derrière avec un chiffon imbibé d'alcool, ou simplement d'eau pure, et essuyée avec un chiffon sec, et avoir chassé avec précaution, au moyen d'un blaireau, la poussière qui pourrait se trouver sur l'image, on la place dans un passe-partout, l'image tournée vers le verre, et on la fixe par les bouts et les côtés avec des bandes de papier enduites de colle ; puis on applique, derrière, un morceau de velours noir ou de papier noir, dit papier de velours, qui se trouve chez tous les fournisseurs d'articles de photographie ; et on l'y maintient en abaissant dessus la partie mobile du carton formant le revers du passe-partout que l'on fixe aussi avec des bandes de papier enduites de colle.

DU PAYSAGE ET DES MONUMENTS.

—

Lorsqu'on veut faire des vues, il faut placer l'objectif à la distance d'au moins deux fois et demie l'étendue du site ou du monument que l'on veut photographier (1).

______

(1) Voir ce qui a été dit au deuxième alinéa de la note 1, page 61.

Plus l'objectif sera éloigné du sujet et élevé au-dessus du sol, moins on aura à craindre d'avoir dans l'image des raccourcis qui feraient croire que les parties verticales n'étaient pas d'aplomb.

Du reste, pour éviter autant que possible la déformation des lignes et obtenir beaucoup de finesse dans les détails, et de netteté jusque sur les bords de l'épreuve, il est indispensable, si on n'a pas un objectif simple, spécial pour vues, de mettre un diaphragme à l'objectif double pour portraits, dont on est obligé de se servir.

Presque tous les objectifs doubles ont aujourd'hui des diaphragmes d'ouvertures variées, qui s'adaptent entre les verres au moyen d'une rainure circulaire pratiquée dans le tube qui les supporte. En mettant au point, on choisit celui de ces diaphragmes dont l'ouverture est la plus convenable eu égard tant à l'intensité de la lumière qu'à la distance et à la disposition des plans du paysage qu'il s'agit de représenter.

Si l'objectif n'a pas de diaphragme, on peut en faire un en carton, avec une ouverture d'environ trois centimètres de diamètre, que l'on place dans le pavillon (1) de l'objectif, près du verre.

Généralement on ne doit opérer que quand les objets à représenter sont éclairés par le soleil ; mais de onze heures à une heure, il sera bon de s'abstenir, car les rayons solaires ne frapperaient pas assez obliquement pour que la projection des ombres pût se faire largement.

---

(1) On nomme pavillon la partie antérieure de l'objectif qui reçoit l'obturateur.

L'amateur choisira pour opérer, un temps doux et calme. Il s'abstiendra lorsqu'il fera excessivement chaud, parce que pendant les grandes chaleurs l'atmosphère n'étant pas parfaitement pure, les ombres du paysage plus ou moins voilées par l'air ambiant manqueraient d'intensité.

DES VUES STÉRÉOSCOPIQUES.

Pour obtenir ces vues, on se sert d'une chambre noire de forme oblongue, munie de deux objectifs diaphragmés, identiques de foyer, qui donneront simultanément chacun une image sur la couche sensible, de sorte que le cliché sera double et propre par conséquent au tirage d'épreuves pour le stéréoscope.

Tout ce que j'ai dit pour l'obtention des vues de paysages et de monuments, est applicable quand on veut faire des vues stéréoscopiques (1).

______

(1) Toutefois il n'est pas toujours bon que les objets à représenter soient éclairés par le soleil; car les vues obtenues par un temps légèrement couvert donnent plus de finesse dans les détails et produisent, par cela même, un meilleur effet dans le stéréoscope que celles prises au soleil lesquelles, à cause de leur aspect sec et heurté, figurent trop souvent les objets comme couverts de neige.

Comme la durée de la pose généralement est très-courte, et qu'il est à peu près impossible de retirer en même temps les deux obturateurs sans imprimer quelque secousse à la chambre noire (1), l'opérateur fera bien de les remplacer momentanément par son chapeau, avec lequel il pourra à volonté, masquer et démasquer les deux objectifs à la fois.

L'amateur qui n'aura pas de chambre noire munie de deux objectifs, pourra néanmoins faire des vues stéréoscopiques avec son objectif pour portrait (2).

Voici comment il faut s'y prendre :

On place l'objectif diaphragmé comme il est dit page 84, en face de l'objet que l'on veut représenter et à une distance telle que cet objet se voie sur la glace dépolie, de grandeur convenable pour le stéréoscope ; on met *au point*, et on fait une épreuve. Puis on reporte l'objectif à droite, sans l'approcher ni l'éloigner du sujet, à une distance égale à peu près au cinquième de celle existant entre l'objectif et le sujet ; on met de nouveau *au point* et, avec le même temps de pose, on fait une deuxième épreuve. Les deux épreuves obtenues de cette façon seront semblables. Placées convenablement l'une à côté de l'autre, elles formeront une vue stéréoscopique donnant autant de relief que les vues composées d'épreuves obtenues simul-

---

(1) A moins qu'ils ne soient jumaux et montés comme ceux qui servent pour l'obtention de vues instantanées.

(2) On comprend que je n'entends parler ici que du paysage et de la nature morte ; car du moment qu'on voudrait faire des groupes de personnes ou d'animaux, comme le temps de la pose devrait être le plus court possible, il faudrait nécessairement une chambre noire munie de deux objectifs.

tanément avec deux objectifs.

Lorsque l'on monte une vue pour le stéréoscope, au moment de coller côte à côte sur un carton oblong, les deux images provenant d'un cliché double, il faut transposer ces images; c'est-à-dire coller à gauche celle qui se trouvait à droite et à droite celle qui se trouvait à gauche avant leur séparation ; sans quoi la vue stéréoscopique ne donnerait pas ou presque pas de relief.

Pour la même raison, les deux épreuves simples que l'amateur, à défaut de chambre noire munie de deux objectifs, aura obtenues successivement avec un seul objectif, pour tenir lieu de deux épreuves résultant d'un cliché double, devront être collées sur le carton oblong, la première à droite, et la deuxième à gauche.

DES REPRODUCTIONS.

—

Lorsqu'on veut reproduire un portrait fait sur plaqué d'argent il faut, pour éviter autant que possible le miroitement de la plaque, se garder de le suspendre en face d'objets qui pourraient s'y réfléter : le mieux serait qu'il n'eût pour vis-à-vis que la chambre noire et un drap noir tendu derrière celle-ci, à la distance d'au moins un mètre, pour que la lumière ne se trouve pas trop con-centrée et que d'ailleurs l'opérateur puisse s'approcher pour mettre *au point*.

Si malgré ces précautions le miroitement persistait, on chercherait, en mettant *au point*, la position la plus con-venable pour l'atténuer, ce à quoi on parvient presque tou-jours en braquant l'objectif un peu de côté. Il est vrai que dans ce cas les verres ne sont pas parfaitement pa-rallèles au plan du portrait, et que celui-ci, vu sur la glace dépolie, semblera n'être pas d'équerre ; mais cela ne sera qu'un léger inconvénient en comparaison du miroitement, avec lequel on ne peut obtenir que des épreuves cendrées, sans harmonie et absolument mau-vaises.

On opère de la même manière pour la reproduction des tableaux peints à l'huile qui, bien souvent, sont, dans certaines parties, aussi miroitants que les épreuves sur plaqué d'argent.

Quant à la reproduction des photographies sur verre ou sur papier, de même que la reproduction de gravures, ce sera chose facile puisqu'on n'aura pas à lutter contre des reflets miroitants.

Mais, dans tous les cas, lorsqu'on voudra reproduire des objets de petite dimension, tels que portraits 1/4 de plaque, cartes de visite, gravures de petit format, etc., il faudra pour que la reproduction soit de même gran-deur, au lieu d'être réduite d'environ moitié (1), procé-

---

(1) Ce qui arriverait si on opérait comme on le fait ordinairement

der ainsi qu'il suit : on place une table dehors, à un endroit éclairé par une belle lumière diffuse, et on pose dessus, distantes l'une de l'autre d'environ 25 centimètres, la chambre noire et une boîte quelconque, à laquelle on suspend le sujet à reproduire de façon qu'il se trouve en face de l'objectif et à la même hauteur que celui-ci; on charge la chambre noire d'un poids assez lourd pour qu'elle ne soit pas trop mobile; on fait glisser le tiroir très-loin en arrière, et on place la rallonge de la chambre noire (1).

Les choses étant ainsi disposées, on fait jouer la crémaillère de l'objectif et, au besoin, le tiroir de la chambre noire, afin d'arriver à découvrir sur la glace dépolie l'image de l'objet à reproduire. Elle ne se révèlera pas avec une parfaite netteté, et ce serait en vain qu'on recourrait à la crémaillère pour mettre définitivement *au point*; en approchant ou éloignant l'objectif du sujet on obtiendra ce résultat. Comme on le voit il faudra un peu tâtonner, ce qui ne devra pas rebuter le commençant, car il acquerra bientôt l'habitude et cette rectitude de coup d'œil sans lesquelles on ne peut obtenir une mise *au point* convenable, pour la reproduction des sujets de petite dimension sans réduction sensible de grandeur.

---

pour obtenir le portrait d'après nature ou la reproduction de tableaux, photographies et gravures de grande dimension, c'est-à-dire en ne faisant subir qu'un léger recul au tiroir de la chambre noire et en plaçant celle-ci à la distance de deux fois et demie au moins la grandeur du sujet.

(1) Il y a des chambres noires qui n'ont pas de rallonge; mais on peut suppléer à cet appendice au moyen d'un morceau de forte étoffe, ou d'un vieux vêtement, avec lequel on couvre l'espace vide produit par le recul du tiroir, et ce, de telle sorte que le jour ne puisse pénétrer dans la chambre noire.

CONSIDÉRATIONS DIVERSES.

Sur l'usage de la glace dépolie.

Le commençant fera bien, dès son début, de tracer au crayon, sur le côté dépoli de la glace de la chambre noire, la dimension des épreuves qu'il se proposera de faire le plus souvent, telles que cartes de visite, portraits 1/4 et portraits 1/5 de plaque ; car, par ce moyen, en mettant *au point* il verra tout de suite à quelle distance du sujet il devra placer l'objectif pour obtenir la grandeur voulue.

Sur l'inflammabilité de quelques substances.

Il faut se tenir loin de la bougie l'orsqu'on débouche les flacons contenant soit de l'éther, soit de l'alcool, soit du collodion, de crainte que ces liquides, dont les vapeurs sont très-subtiles, ne s'enflamment et produisent des explosions qui occasionneraient infailliblement de graves accidents.

Cette recommandation est applicable au coton-poudre qui, comme on le sait, est aussi très-inflammable.

Sur la nécessité de boucher les flacons et de tenir certaines substances dans l'obscurité.

Tous les flacons en général qui contiendront des liquides ou des substances solides devront être bien bouchées. Le nitrate d'argent, les solutions de ce sel, la solution d'acide pyrogallique et le bain préparé pour le virage (bain d'or), seront mis à l'abri de la lumière à une température moyenne.

Quant aux boîtes contenant les glaces et aux linges servant au polissage, ils seront, ainsi que les clichés et la chambre noire munie de l'objectif, déposés dans un endroit sec.

Les papiers positifs seront conservés, non roulés, dans un tiroir exempt d'humidité.

Sur les taches et la retouche des épreuves.

Les taches qui se produisent sur les épreuves résultent de causes différentes.

Celles qui se forment le plus souvent sont :

1° Des nuages dans le cliché provenant de ce que la couche de collodion soumise trop tôt à l'action du bain sensibilisateur n'était pas assez coagulée, ou de ce que la glace n'ayant pas été suffisamment égouttée au sortir du bain, les dernières gouttes du liquide, après s'être agglomérées dans les angles inférieurs du châssis, ont fait retour sur la couche sensible ce qui arrive quand on oublie de maintenir le châssis dans une position à peu près verticale jusqu'au moment où on retire la glace pour procéder au développement de l'épreuve.

2° Des stries et des barres provenant, celles-là d'un polissage imparfait et celles-ci de ce que la couche de collodion n'a pas été mise en contact avec le bain sensibilisateur d'un seul coup et sans temps d'arrêt.

3° Des petits points ronds ressemblant à des coups d'épingle provenant tantôt de ce que le collodion trop nouvellement fait ou décanté sans précaution manque de limpidité, tantôt de ce que la glace n'aurait pas été bien époussetée ou qu'il serait tombé de la poussière sur la couche de collodion.

4° Et des aspérités provenant de pellicules de collodion desséché tombées du goulot du flacon, ou des ordures qui se détachent du volet du châssis quand on a négligé de l'épousseter ou qu'on le met trop brusquement en mouvement.

On fait disparaître autant que possible les taches transparentes, en appliquant dessus du côté verni un peu de vermillon delayé avec de l'eau légèrement gommée.

Quant aux taches opaques, il n'y a rien à faire sur le cliché, mais comme elles se produisent en blanc sur le papier, on pourra les faire disparaître de l'épreuve positive par un pointillé au crayon de mine de plomb très-tendre, sur les tons pâles, et au crayon Conté verni sur les parties plus foncées.

Sur les glaces.

C'est tantôt en tournant, tantôt en travers que l'on frotte les glaces pour les nettoyer et les polir. Elles doivent être bien époussetées, car il ne faut pas qu'il y reste de poils ni de poussière provenant des linges dont on s'est servi.

Sur le nitrate ou azotate d'argent.

J'ai conseillé dans mes formules le nitrate d'argent cristallisé, mais le nitrate d'argent fondu est également bon ; aussi celui-ci peut être employé à défaut du premier. D'ailleurs l'amateur qui n'est pas à même de s'assurer de la pureté de ces produits, pourra faire ses bains en mettant moitié de l'un et moitié de l'autre. En opérant ainsi, il trouvera au moins un palliatif sinon un remède contre la falsification, car si le nitrate d'argent cristallisé se trouve être de mauvaise qualité, le nitrate d'argent fondu pourra être de qualité irréprochable; or, les bains, dans ce cas, seraient encore passables, tandis que faits avec tout nitrate défectueux, ils ne donneraient que des épreuves inacceptables.

C'est dans le but d'une pareille compensation, que j'ai conseillé dans mes formules de collodion, l'emploi des deux sortes d'alcool : celui étiqueté à 36° s'il était bien à ce degré suffirait, mais en vieillissant il a pu s'affaiblir, or, l'alcol à 40° lui rend ce qu'il aurait perdu.

Sur le Collodion.

Il n'est pas de rigueur que le collodion soit constamment dans l'obscurité, mais il sera bon que les flacons dans lesquels on le mettra ne soient pas très-grands afin qu'il ne s'y introduise pas une trop forte quantité d'air qui nuirait, dit-on, à la conservation du liquide ; donc on fera bien, si on a plusieurs restants de collodion, de les réunir avec un seul flacon. Ce mélange décanté au bout de quelques jours, donne souvent dn très-bon collodion.

Le collodion est trop fluide s'il s'étend instantanément sur la glace, et il est trop épais s'il ne coule que difficilement.

Dans le premier cas, la couche manquera de consistance. Dans l'autre cas, la couche, qui se produit trop opaque, sera susceptible de se détacher de la glace lors du lavage et ne pourra d'ailleurs donner qu'un cliché sans transparence.

(Voir pour la modification du collodion, la note qui se trouve au bas de la page 58.)

Tout ce que j'ai dit dans le cours de cet ouvrage, a trait seulement à l'emploi du collodion humide.

Je me suis abstenu de traiter le procédé *au collodion sec* parce qu'il n'offre des avantages notables qu'aux photographes expérimentés qui se livrent au paysage. Je n'ai pas parlé non plus du *grandissement* ou *amplification* des épreuves, ce genre, qui exige un appareil spécial et *de la retouche*, étant du domaine du photographe de profession, non de l'amateur.

Sur la filtration.

Il n'est pas nécessaire de filtrer les bains à chaque épreuve, il sufit de filtrer au moment de commencer la séance pendant laquelle, si elle est longue, il sera bon pourtant de filtrer le bain de fer une ou deux fois.

Sur l'eau.

L'eau quoique limpide, telle que celle de source ou de puits, est rarement pure ; elle contient toujours quelques particules de chaux. C'est pourquoi on doit se servir d'eau distillée et d'eau de pluie. Celle-ci, quand elle a été recueillie avec précaution dans des vases bien propres, est généralement bonne, mais pour l'avoir parfaitement pure, il faut la recevoir sur des feuilles de verre, bien nettoyées, que l'on expose à la pluie. Ces feuilles seront fixées dans une position un peu inclinée, de façon que l'eau puisse couler par un angle et tomber dans une bouteille placée au dessous, munie d'un entonnoir dans lequel on aura placé un filtre.

L'eau ainsi recueillie étant pure, peut suppléer à l'eau distillée qu'il n'est pas toujours facile de se procurer.

On éprouve l'eau en mettant dedans quelque cristal de nitrate d'argent : elle sera pure si elle ne se trouble pas au contact de ce sel et on pourra s'en servir comme d'eau distillée, mais si elle blanchit et prend un aspect laiteux, elle ne sera tout au plus bonne que pour les lavages

A défaut d'eau de pluie on peut se servir, pour les lavages, d'eau de rivière généralement moins crue que l'eau de source ou de puits.

Sur les clichés représentant des groupes.

Si dans un groupe il se trouve des personnes ayant la peau très-brune, tandis que d'autres l'ont très-blanche, le cliché donnera l'image des figures brunes fort transparentes et celles des figures blanches très-opaques, d'où il résultera un contraste que l'on devra atténuer sur l'épreuve positive.

Voici comment il faut s'y prendre:

Après avoir placé le cliché et le papier dans le châssis positif et exposé celui-ci au soleil, on masque, de temps à autre, avec un peu de ouate, les têtes les plus transparentes, afin de ralentir leur venue et de donner ainsi aux têtes opaques le temps de se produire; puis on rentre de temps en temps dans l'obscurité pour se rendre compte, à la lumière d'une bougie, de la venue de l'ensemble du groupe.

L'opérateur changera la ouate plusieurs fois de position en l'agitant afin que les parties du cliché masquées de temps à autre puissent se fondre sans dureté avec les parties impressionnées par la lumière pendant toute la durée de l'exposition ; mais il se donnera de garde d'abuser du moyen que j'indique, car la figure des personnes brunes doit toujours être un peu plus foncée que la figure des personnes ayant la peau blanche.

Sur la vernissure des clichés.

J'ai recommandé de vernir les clichés pour garantir l'image de tout contact qui pourrait la rayer, mais si on n'a à tirer que quelques épreuves, surtout si on est à même, en cas d'accident, de faire un nouveau cliché, on pourra se dispenser de vernir.

Sur la différence de température.

Souvent, l'orsque l'objectif sort d'un endroit où la température est élevée et qu'on le place dehors, il se forme sur les verres une couche de vapeur presque imperceptible. Il faudra attendre, pour opérer, que cette vapeur se soit complétement dissipée, sans quoi on n'obtiendrait pas la netteté désirable.

Sur l'Air.

C'est après la pluie que l'air est le plus pur, aussi le photographe, surtout quand il veut faire le paysage, choisit-il de préférence ce moment du jour qui donne des ombres d'une profondeur admirable, beaucoup de détails dans les parties éclairées et un modelé parfait.

Sur la Chambre noire.

Lorsqu'on opère dehors on doit, s'il fait soleil, couvrir la chambre noire afin d'éviter que le bois se dejette, ce qui détruirait la précision sans laquelle le cliché serait flou.

Sur les Tentes.

Comme il est indispensable quand on opère sur collodion humide, que le laboratoire soit à proximité de l'endroit où la pose doit avoir lieu, on a imaginé pour y suppléer en voyage, surtout lorsque l'opérateur veut se livrer au paysage, des tentes portatives au moyen desquelles on puisse procéder, à l'abri de la lumière du jour, à celles des manipulations qui doivent être faites dans l'obscurité.

J'ai vu une chose remplissant parfaitement le but qu'on s'est proposé, et plus facile à transporter que les tentes ; c'est une caisse peu volumineuse montée sur deux roues et fermant à clef, contenant dans des cases bien appropriées, la chambre noire et tout ce qui est indispensable pour faire des clichés. On assujetit cette caisse au moyen de quatre pieds à coulisse qui en font partie et on déploie les panneaux à charnières dont elle est composée, de façon à former en moins de cinq minutes un cabinet noir où la lumière de la bougie ou celle du jour tamisée par un carreau de verre jaune, permet au photographe d'opérer aussi bien et avec autant de facilité que dans le laboratoire ordinaire.

Je n'ai pas mission de préconiser ce petit appareil très-ingénieux, inventé et construit par M. Bohin, manufacturier et photographe amateur, à St.-Sulpice-sur-Rille (Orne), mais j'ai cru devoir le signaler.

Sur la Propreté et le Nettoyage de l'objectif.

On veillera à ce que les verres de l'objectif ne reçoivent pas d'humidité. Si on y remarque de la poussière, on la chassera avec un blaireau et non au moyen du souffle ; mais après 3 ou 4 mois de service, ils auront probablement besoin d'être complétement nettoyés ; cette opération délicate pourra être entreprise par l'amateur aux conditions suivantes :

1° Qu'il remarquera bien les verres avant de les retirer, afin de pouvoir les replacer dans la même position ;

2° Qu'il procédera à leur nettoyage avec un linge fin imbibé d'eau acidulée d'alcool et les séchera parfaitement avec un linge très-propre ;

3° Qu'il agira avec la plus grande précaution pour qu'il ne s'introduise pas d'humidité entre les deux verres collés ensemble formant la lentille antérieure ;

4° Et qu'il époussetera soigneusement les verres avec un blaireau bien sec au moment de les mettre dans leur monture, chacun à sa place.

Sur le Satinage des épreuves.

Si on veut que les photographies soient brillantes et que le grain du papier gagne en finesse, il faudra les satiner en se servant d'une presse spéciale pour cet usage. Tous les fournisseurs d'objets pour la photographie tiennent cet article. Le plus petit modèle avec lequel on peut satiner des épreuves de grandeur de plaque normale et au-dessous, se vend 50 à 60 fr.

FIN.

TABLE.

CHAPITRE IV.

OPÉRATIONS POUR L'OBTENSION, D'APRÈS LE CLICHÉ, D'ÉPREUVES POSITIVES SUR PAPIER.

CHAPITRE V.

CONSIDÉRATIONS DIVERSES.

FIN DE LA TABLE.

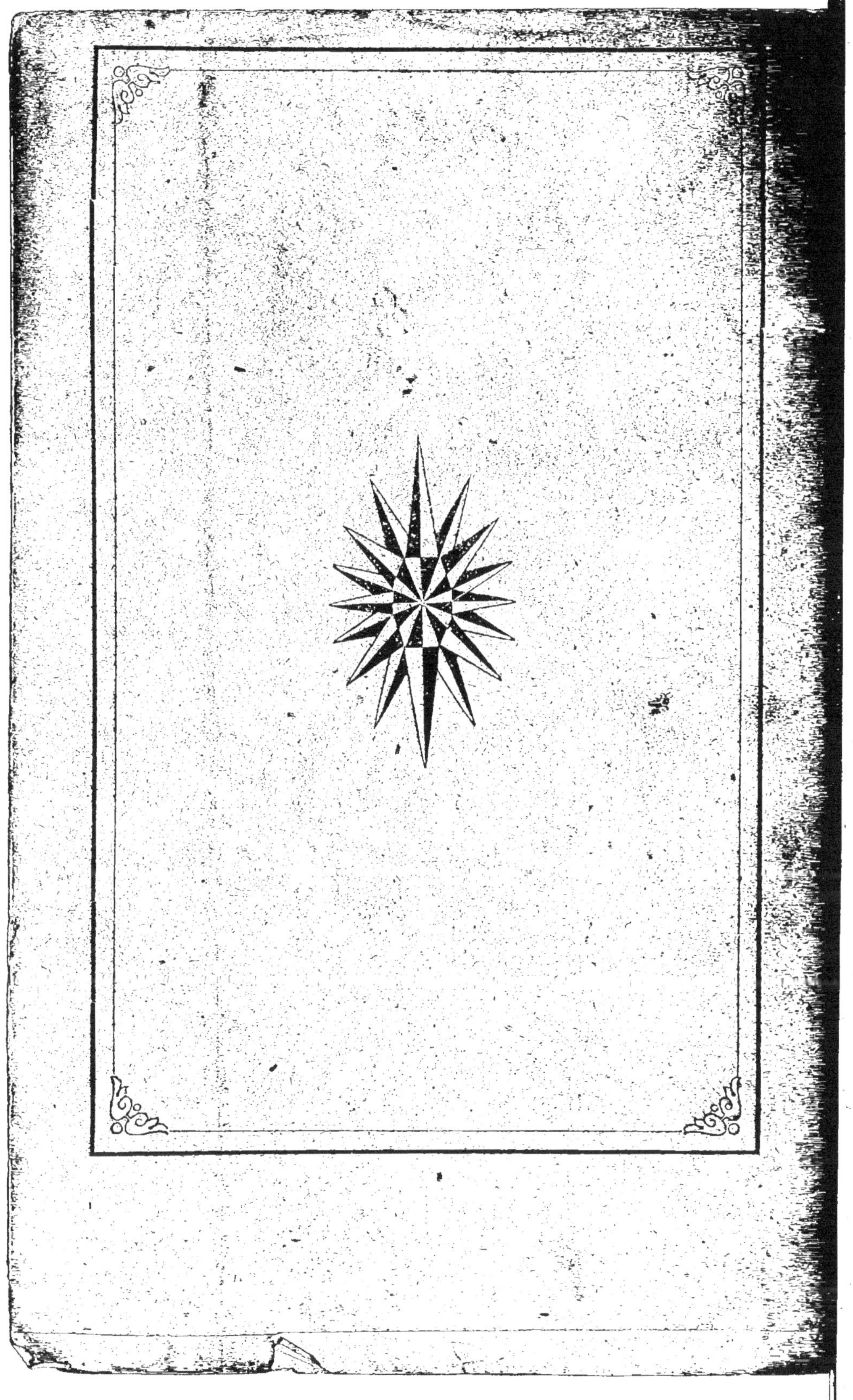

www.ingramcontent.com/pod-product-compliance
Ingram Content Group UK Ltd.
Pitfield, Milton Keynes, MK11 3LW, UK
UKHW020018100726
13658UKWH00002B/972